Zusammen aufwachen

Buddhistische Weisheit für glückliche Beziehungen

ZUSAMMEN AUFWACHEN

*Buddhistische Weisheit für
glückliche Beziehungen*

von

Wilfried Reuter

in Zusammenarbeit mit
Ursula Richard und Holger Wicht

edition steinrich

Bibliografische Information der Deutschen Bibliothek:
Die Deutsche Bibliothek verzeichnet diese Publikation in der Deutschen
Nationalbibliografie; detaillierte bibliografische Daten sind im Internet über
http://dnb.ddb.de abrufbar.

www.edition-steinrich.de

ISBN 978-3-942085-21-2

Gewidmet allen Menschen von Lotos-Vihara,
in Dankbarkeit und Verbundenheit

Inhalt

Vorbemerkung

Liebe Leserin, lieber Leser, in diesem Buch spreche ich dich persönlich an. Ich habe dafür die »Du«-Form gewählt, denn ich empfinde sie als direkt und herzlich. Das »Sie« schafft leicht eine Distanz, die nicht gut zur spirituellen Praxis passt. Auch in meinen Vorträgen spreche ich meine Zuhörerinnen und Zuhörer mit »du« an und habe damit gute Erfahrungen gemacht.

Bei der Bearbeitung der Vortragstexte, die diesem Buch zugrunde liegen, habe ich großen Wert darauf gelegt, dass sie möglichst leicht verständlich sind – auch für Menschen, die mit dem Buddhismus bisher nicht vertraut sind. Mit Fachwörtern und manchen buddhistischen Ausdrücken bin ich sparsam und vorsichtig umgegangen. Wenn sie Verwendung finden, dann werden sie im Text erklärt.

Für einige Begriffe aus alten indischen Sprachen gibt es keine deutsche Übersetzung, die dem ursprünglichen Wort genau entsprechen würde. Diese Begriffe haben deswegen Eingang in den allgemeinen buddhistischen Wortschatz gefunden. Die meisten von ihnen stammen aus dem Pali, der Sprache, in der vor mehr als 2000 Jahren die Lehrreden des Buddha niedergeschrieben wurden, und der indischen

Gelehrtensprache Sanskrit. Die beiden Sprachen sind einander sehr ähnlich. Folgende Wörter finden in diesem Buch Verwendung:

Dukkha ist ein zentraler Begriff im Buddhismus. Das Wort bedeutet Leiden in einem sehr umfassenden Sinne. Dazu gehört jede Form unangenehmer Geisteszustände, also zum Beispiel auch Unerfülltheit, Nervosität oder Angst. Dukkha erfahren wir in jedem Moment, in dem wir nicht vollkommen zufrieden und erfüllt sind.

Sila bezeichnet Tugendregeln oder ethische Richtlinien. Tugendhaft handeln bedeutet, dass wir alles vermeiden, was Verletzung und Schädigung von uns selbst oder anderen nach sich zieht, und dass wir uns stattdessen darum bemühen, Harmonie, Verständnis und Freude zu fördern. Auf Seite 193 findest du die Silas für Paare, wie wir sie im Lotos-Vihara-Meditationszentrum verwenden.

Dhamma ist der traditionelle Pali-Begriff für die Lehre des Buddha und entspricht dem Sanskrit-Wort Dharma.

Mit *Sangha* ist hier die Gemeinschaft buddhistisch Praktizierender gemeint.

1. Die große Sehnsucht

Wahrscheinlich kennst du das Gefühl, verliebt zu sein. Du lernst einen Menschen kennen und plötzlich verändert sich alles. Du sehnst dich nach ihm und seiner Nähe. Du fühlst dich lebendig. Große Hoffnungen prägen dein Erleben. Das so lang ersehnte Glück scheint endlich zum Greifen nah. Zugleich kommt vielleicht Angst auf. Was, wenn der oder die Angebetete die Liebe nicht erwidert?

Stoßen deine Gefühle auf Gegenliebe, könnte das Leben nicht schöner sein. Du schwebst wie auf Wolken, alles fühlt sich richtig, leicht und beschwingt an. Endlich bist du angekommen in einem Zustand, nach dem du lange gesucht hast. Du hast das Glück gefunden, und es scheint, als hätte nur dieser andere Mensch gefehlt.

Doch dann, nach ein paar Wochen, Monaten oder Jahren verändert sich etwas. Nach der ersten Begeisterung verliert sich der Überschwang, und es treten erste Schwierigkeiten auf. Der andere widerspricht dir vielleicht plötzlich, schenkt dir nicht genügend Aufmerksamkeit, verhält sich anders, als du es dir wünschst. Die rosarote Brille kommt dir abhanden, und du siehst den anderen nun als ganz normalen Menschen, Schwächen und Marotten inklusive.

An diesen Punkt gelangen fast alle Liebesbeziehungen irgendwann. Auch andere Beziehungen – etwa zu neuen Freundinnen oder dem spirituellen Lehrer – können nach diesem Muster verlaufen. Der Begeisterung folgt Ernüchterung.

Ernüchterung ist im Prinzip nichts Negatives. Wir befinden uns nicht mehr im Rausch der Gefühle und können wieder klar sehen. Weil aber das so schöne Gefühl, dass alles stimmt, in diesem Moment verflogen ist, löst du dich jetzt vielleicht aus der Beziehung, in die du eben noch alle Hoffnung gesetzt hast. Möglicherweise beginnst du aber auch, gemeinsam mit deiner Partnerin oder deinem Partner an der Beziehung zu arbeiten, und die Verliebtheit reift zur Liebe. Auch dann bleibt allerdings vielleicht unterschwellig das Gefühl, etwas verloren zu haben. Das Glück, du hattest es doch endlich gefunden – und jetzt ist es dir wieder entglitten, musste dem Alltag mit seinen Schwierigkeiten weichen. Und die Stimme der Sehnsucht wird in dir laut: die Suche nach Erfüllung und Geborgenheit.

Diese Sehnsucht hat die Kraft, Beziehungen zu zerstören, wenn du daraus folgerst, die Beziehung müsse für immer bleiben wie in den ersten Tagen. Sie kann aber auch zum Segen werden und dir helfen, über dich hinauszuwachsen.

Sehnsucht kann Beziehungen zerstören oder dir helfen, über dich hinauszuwachsen. Du hast die Wahl.

Die Stimme der Sehnsucht

Wonach genau sehnen wir uns eigentlich, wenn wir eine Beziehung eingehen? Und warum lassen wir uns immer wieder auf die Herausforderungen ein, die mit Beziehungen verbunden sind?

Die Sehnsucht nach Vereinigung mit einem geliebten Menschen speist sich aus einer noch sehr viel tieferen Sehnsucht, die alle Menschen teilen, wenn auch oft nicht bewusst. Es ist die Sehnsucht nach Überwindung der Vereinzelung, nach Aufhebung von Einsamkeit und Angst.

Psychologen sprechen von einem Urtrauma, das alle Menschen erlebt haben. Vor unserer Geburt waren wir geborgen im Bauch unserer Mutter, wo wir uns vermutlich sicher und behaglich gefühlt haben. Wir befanden uns an einem warmen und geschützten Ort, Geräusche von außen nahmen wir nur gedämpft wahr. Wir hatten keinen Hunger und vermutlich auch keine Angst. Dann kamen wir auf die Welt. Mit der Geburt erlebten wir zum ersten Mal Trennung: Eben noch in unserer Mutter geborgen und versorgt, unter ihrem Herzen, waren wir nun von ihr getrennt. Wenn es gut ging, war die Mutter nah, aber dennoch war sie Nicht-Ich, also anders. Vielleicht kamen Gefühle von Hunger und Kälte hinzu.

Du hast diese Gefühle damals nicht bewusst wahrnehmen und verstehen können. Aber mit diesem plötzlichen Erleben von Trennung kam die Sehnsucht nach Nähe, Wärme und Geborgenheit in dein Leben.

Mit dir wurde deine Sehnsucht nach Verbindung geboren.

Mit dir wurde deine Sehnsucht nach Verbindung geboren.

Aus deiner ursprünglichen Erfahrung von Trennung entwickelte sich dann mit der Zeit dein Erleben von dem, was du Ich nennst: Auf der einen Seite bist du, auf der anderen Seite die Welt. Du stehst zwar in der Welt und bist mit ihr in Kontakt, aber du empfindest dich als eigenständiges Wesen. Zwischen dir und dem Außen verläuft eine Grenze, und du bist auf das Außen angewiesen. Deswegen fühlst du dich immer auch begrenzt, bedürftig und bedroht. Das Gefühl der Trennung bringt Mangel hervor – und damit Dukkha (siehe Seite 10).

Abhilfe erhoffst du dir von anderen Menschen. Anders formuliert: Aus dem Gefühl der Trennung entsteht dein Begehren. Du sehnst dich nach dem, was dir fehlt beziehungsweise zu fehlen scheint, und suchst es draußen in der Welt. Mit Begehren ist dabei nicht nur sexuelles Begehren gemeint, sondern alles, wonach wir ein Verlangen empfinden. Dazu zählt auch die Nähe zu anderen Menschen.

Begehren entsteht aus dem Erleben von Trennung: Was dir fehlt, suchst du draußen in der Welt.

Begehren ist etwas ganz Natürliches

Begehren ist also etwas ganz Natürliches. Es ist wichtig, das festzuhalten, denn in spirituellen Kreisen wird Begehren oft als etwas Negatives gesehen. Der Kern der buddhistischen Lehre wird vielfach verkürzt so wiedergegeben: Weil wir begehren, leiden wir. Geben wir das Begehren auf, endet auch das Leiden.

Es wäre aber ganz und gar nicht im Sinne der Lehre, das Begehren zu verteufeln. Der Buddha lehrt: Was wir ablehnen, können wir nicht verstehen und transformieren. Wenn du das Begehren als etwas Schlechtes betrachtest, wirst du in dieser Bewertung steckenbleiben. Dein Widerstand wird es nicht zum Verschwinden bringen, sondern eher noch steigern. Oft verstärken wir das, wogegen wir kämpfen.

Das Begehren abzulehnen wird also dazu führen, dass du noch mehr unter dem Mangelgefühl leidest. Du wirst weiterhin versuchen, dein Verlangen zu befriedigen, oder du wirst es verdrängen. Wahrscheinlich entwickelst du zusätzlich Schuldgefühle. Deswegen ist es so wichtig zu erkennen, dass Begehren eine natürliche Folge unseres Erlebens von Trennung und Unvollkommenheit ist. Es ist weder schlecht noch gut.

Warum Menschen Beziehungen eingehen

Schon sehr früh im Leben haben wir die Erfahrung gemacht: Die Befriedigung unserer Bedürfnisse kommt von außen. Wenn wir als Baby Hunger hatten, wurden wir von der Mutter gestillt. Wenn uns kalt war, hat sie uns mit ihrem Körper gewärmt, wir bekamen ein warmes Bettchen und Kleidung. Dieses Modell haben wir auf unser ganzes Leben übertragen und in der modernen Konsumgesellschaft auf die Spitze getrieben: Wir haben Durst, also kaufen wir uns ein Getränk. Uns ist langweilig, also schalten wir den Fernseher ein. Wir wollen große Emotionen erleben, also gehen wir ins Kino.

Nähe und Geborgenheit suchen wir bei einem anderen Menschen aus dem tief greifenden Gefühl des Mangels. Wir haben ein Bedürfnis nach liebevoller Bestätigung, Verbindung und Sicherheit. Wir sehnen uns nach Geborgenheit, Erfüllung, einem Leben frei von Angst. Wir streben einen Zustand an, in dem es uns an nichts mehr mangelt und in dem wir keine Angst mehr haben müssen.

Die Kraft der Verliebtheit – in dir!

Ohne Zweifel, wenn du verliebt bist, wird eine große Kraft freigesetzt. Wird die Liebe erwidert, schäumst du geradezu über vor Inspiration und Freude und würdest am liebsten die ganze Welt umarmen. Begegnen dir Herausforderungen, krempelst du die Ärmel hoch und alles geht dir leicht von der Hand. Auf sehr direkte und positive Weise spürst du dich dabei selbst: Ich fühle, also bin ich. In diesen Momenten sind Gefühle der Unvollkommenheit, Begrenztheit und Angst oft wie weggeblasen.

Wenn der Rausch der Verliebtheit abklingt, kommst du zurück auf den Boden. Eben noch bist du davon ausgegangen, der geliebte Mensch sei die Ursache dafür, dass du dich auf einmal so kraftvoll, lebendig und bewusst spüren konntest. »Du machst mich glücklich!« – so sprechen Verliebte zueinander. Doch sobald du den anderen als normalen Menschen mit Stärken und Schwächen wahrnimmst, fragst du dich vielleicht, ob ein anderer Partner deine Bedürfnisse nicht besser stillen könnte.

Es ist wichtig zu verstehen: Kein Mensch kann die Bedürfnisse eines anderen dauerhaft und vollkommen erfüllen. Wenn wir das von einer Beziehung erwarten, verlangen wir etwas Unmögliches und überfordern den geliebten Menschen. So entsteht Frust und daraus werden gegenseitige Angriffe geboren. Wahrscheinlich wirst du versuchen, den Partner oder die Partnerin zu verändern. Dabei kann eine Menge Druck entstehen, zum Beispiel durch die unterschwellige Botschaft, der Partner, die Partnerin sei unzureichend. Oder du trennst dich, weil du glaubst, dieser Mensch sei wohl doch nicht der Richtige, und du machst dich auf die Suche nach einem anderen. Mit dem das Spiel dann von vorne beginnt.

Kein Mensch kann die Bedürfnisse eines anderen vollkommen erfüllen.

Mit anderen Worten: Wenn du glaubst, eine Beziehung werde dich glücklich machen, legst du die Grundlage für Schwierigkeiten. Glücklich können wir nach der Lehre des Buddha nur werden, indem wir uns entwickeln, an den Herausforderungen des Lebens wachsen und erkennen: Die Stillung unserer Sehnsucht über die Sinne im Außen ist nicht möglich.

In Wirklichkeit liegt die Kraft der Liebe nicht im anderen – sondern in dir selbst. Durch die Begegnung mit dem Partner wurde sie kurzfristig aktiviert und deutlich spürbar. Er oder sie war der Türöffner, aber nicht die Ursache deines energiegeladenen Höhenflugs voller Zuversicht. Wenn du glaubst, dass solche Momente an einen anderen Menschen gebunden sind – einen Partner oder eine Partnerin mit einem bestimmten Alter, Aussehen und Fähigkeiten –, dann verpasst du eine große Chance! Die Tür zu deinen inneren Ressourcen wird sich wieder schließen, das Gefühl von Nähe und Einheit wird immer wieder verloren gehen.

Bewusst werden durch Beziehungen

Löse dich also von der Vorstellung, dass der geliebte Mensch für dein Glück verantwortlich sei. Betrachte deine Beziehung stattdessen als eine Chance, deine inneren Ressourcen zu entdecken. Darin liegt ihr wahrer Wert: Sie ist eine hervorragende Gelegenheit, Liebe zu verschenken, bewusster zu werden und begrenzende Vorstellungen von sich und anderen aufzulösen.

Eine lebendige Beziehung zu führen bedeutet, sich zu öffnen. Neben sehr positiven Energien werden in der Nähe zum anderen Menschen unweigerlich auch alte Verletzungen wieder aufbrechen. Schwächen und Ängste lassen sich nicht länger verdrängen, sondern treten an die Oberfläche. Gerade in diesen schmerzhaften Prozessen liegt eine große Chance. Du kannst dir deiner Gefühle und deiner emotionalen Muster bewusst werden, bekommst also Zugang zu dem, was dich bewegt und steuert. Betrachte deine Beziehungen als Gelegenheit, diese Muster nicht als Mangel zu begreifen, sondern mit all dem bewusst und liebevoll umzugehen und dich zu entwickeln. Nimm sie als Übungsfeld, dich auch gegenüber anderen Menschen nicht zu verhärten, nicht aggressiv zu werden oder wegzulaufen, wenn sie sich anders verhalten, als du es möchtest.

Deine Beziehung ist eine Chance, Bewusstheit und Liebe zu entwickeln.

Kurz: Nimm die Beziehung als Chance, zu lieben, statt zu kämpfen.

Glücklich kannst du nur werden, indem du die Bedürftigkeit hinter dir lässt. Und das kannst du tun, indem du deren Ursache verstehst – das Gefühl der Trennung. Indem dir klar wird, dass du in Wirklichkeit nicht vom Rest der Welt getrennt bist, und du die Liebe in dir entfaltest. »Das Einzige, was bedeutsam ist, ist die Liebesfähigkeit des Herzens so zu entwickeln, das es nichts anderes mehr empfinden kann«, hat meine Lehrerin Ayya Khema gesagt. Dein Partner, deine Partnerin kann dir nicht abnehmen, diesen Weg zu gehen, aber deine Beziehung kann dir sehr dabei helfen, dich auf den Weg zu machen.

Glück in der Liebe finden wir, indem wir Liebe nicht fordern, sondern verschenken.

Die Stimme der Sehnsucht wird dir helfen, in deinen Beziehungen über dich hinauszuwachsen. Ich betrachte die Sehnsucht als treue Freundin. Sie will dich zu Erfüllung und wahrer Freiheit führen. Das ist die große Chance, die in Beziehungen liegt.

2. Die Beziehung zu dir selbst

Es gibt einen Menschen, mit dem du ganz sicher dein ganzes Leben lang zusammen bist. Dein Verhältnis zu ihm prägt alle deine anderen Beziehungen. Dieser Mensch bist du selbst. Indem du die Beziehung zu dir selbst pflegst, gibst du Beziehungen zu anderen eine Chance. Im Umgang mit dir kannst du Bewusstheit, Liebe und Vertrauen hervorbringen – die wichtigsten Voraussetzungen gelungener Beziehungen. Andere Menschen wirst du dank der Auseinandersetzung mit deinen eigenen Gefühlen und Gedanken besser verstehen, so dass du in schwierigen Situationen auf heilsame Weise reagieren kannst. Dir selbst viel Aufmerksamkeit zu schenken ist also keineswegs egozentrisch. Im Gegenteil: Es kommt allen Menschen zugute, mit denen du zu tun hast.

Der Weg zum inneren Frieden führt über Akzeptanz und Verständnis.

Die große Sehnsucht und das Ego

Im Wesentlichen wird die Beziehung zu dir selbst von zwei Kräften geprägt. Zum einen gibt es tief in dir die Sehnsucht, dich heil und aufgehoben zu fühlen. Zugleich versucht aber ein anderer Teil von dir ständig, dir einzureden, die Erfüllung dieser Sehnsucht sei im Außen zu finden. Diese Auffassung ist nach der Lehre des Buddha der Grund für viele unserer Schwierigkeiten im Leben.

Die Ursache dafür liegt, wie bereits erwähnt, in der Wahrnehmung, vom Rest der Welt getrennt zu sein, und der daraus entstehenden Bedürftigkeit. In den ersten Jahren nach deiner Geburt hast du die Welt immer mehr aufgeteilt: auf der einen Seite du selbst, auf der anderen Seite der Rest, Ich und Nicht-Ich. Die Mutter war dir zwar nah, aber sie war nicht du, sondern da draußen, und du warst auf sie angewiesen. Du allein konntest dich nicht in Sicherheit fühlen, hast dir selbst nicht genügt. Dementsprechend blieb ein Gefühl von Unvollkommenheit und Begrenztheit. Damit entstand das Erleben von Bedürftigkeit, daraus wiederum dein Verlangen.

Schon nach wenigen Wochen beginnen Babys, die Objekte in ihrer Umgebung zu fixieren, unterscheiden also Dinge voneinander und erkennen sie wieder. Das geschieht zunächst durch Sehen, Hören, Schmecken, Riechen und Fühlen. Später kommen die Gedanken hinzu. Die Gedanken benennen, was wir erleben, und setzen es mit Wissen und Erfahrungen in Beziehung.

Auf diese Weise entwickelt sich dein Verstand. Dieser ordnet das Wahrgenommene nicht nur, sondern bewertet es auch. Ist uns nützlich und angenehm, was wir erleben? Glauben wir, dass es unsere Bedürfnisse befriedigt? In diesem Fall werden Menschen, Objekte und Vorgänge positiv bewertet, und wir wollen mehr davon. Oder halten wir sie für unangenehm, bedrohlich? Dann wenden wir uns dagegen. So entstehen Urteile, die sich mit der Zeit zu komplexen Auffassungen und Meinungen erweitern.

Der Verstand hat dabei die starke Neigung, sich zu identifizieren. Das Wort »identifizieren« stammt vom lateinischen Begriff *idem facere*, was *zum Gleichen machen* bedeutet. Sich identifizieren heißt also, sich mit etwas gleichzusetzen.

Unsere stärkste Identifikation ist die mit unserem Körper. Unser Körper, das sind wir selbst. Unser Geschlecht, unser Gesundheitszustand, unser Aussehen, unsere körperlichen Fähigkeiten betreffen uns unmittelbar. Darüber hinaus identifizieren wir uns mit unseren Gefühlen, Wahrnehmungen, Meinungen, unseren Reaktionen und Handlungsimpulsen sowie mit unserem Bewusstsein. Auch in unserer Sprache kommen diese Identifikationen zum Ausdruck: Wir sind Mann oder Frau, wir sind fröhlich oder wütend, wir sind einer Meinung. Mit der Identifikation reduzieren wir uns auf Teilaspekte unserer selbst und unserer Wahrnehmung und reduzieren damit unsere Möglichkeiten drastisch.

Identifikation bedeutet Selbstbegrenzung.

Das Ego drängt auf Erfüllung

Das Ego ist die Summe aller dieser Identifikationen, die wir als unsere Persönlichkeit betrachten. Es entspringt letztlich dem Verlangen, unsere Bedürftigkeit zu überwinden, deswegen ist seine Mission, für Befriedigung zu sorgen – zum Beispiel durch einen geeigneten Partner, von dem wir annehmen, dass er uns glücklich machen könnte.

Da unsere Bedürftigkeit nie ganz gestillt wird, glauben wir ständig, dass unser Leben sich ändern müsse. Wir sehnen uns zum Beispiel nach einer anderen Partnerin oder mehr Sex, wollen schmerzhafte Gefühle möglichst schnell beseitigen oder glauben, dass wir selbst uns verändern müssen. Auf jeder Ebene gilt: Unangenehmes soll verschwinden, Angenehmes soll her – und zwar so schnell wie möglich. Zufriedenheit lässt sich aber auf diese Weise nicht herstellen, weil Unangenehmes zwangsläufig zum Leben gehört und Angenehmes vergänglich ist. Wir geraten in Widerspruch zur Realität.

Indem wir dagegen ankämpfen oder zu entfliehen versuchen, machen wir alles nur noch schlimmer. In unseren Beziehungen äußert sich der Kampf zum Beispiel durch Forderungen gegenüber dem Partner oder subtilen Druck, etwa indem wir demonstrativ leiden. Für die Flucht nutzen wir viele Möglichkeiten – vom Fernseher über Alkohol bis hin zur Trennung. Manche Paare leben auch viele Jahre distanziert nebeneinander her. Nichts von alledem ist geeignet, die Harmonie und Nähe herzustellen, nach der du dich sehnst.

Sich selbst nicht als Feind sehen

Du trägst beide Seiten in dir: das Potenzial für absolute Klarheit und vollkommene Liebe ebenso wie die Neigung, dir und anderen das Leben immer wieder schwer zu machen. Wie kannst du nun dir selbst näher kommen und dich entwickeln?

Die wichtigste Voraussetzung ist ein ehrliches Interesse an dir. Es äußert sich zunächst in der Bereitschaft, dich dir selbst liebevoll zuzuwenden.

Bisher geht es dir vermutlich wie den meisten Menschen: Du beurteilst dich häufig. Immer wieder glaubst du, dass du etwas nicht gut genug machst oder, schlimmer noch, dass du nicht gut genug *bist:* Wieder einmal bist du zu spät aufgestanden, deine Wohnung sieht unmöglich aus, du vernachlässigst deinen Partner und meditierst zu selten.

Mit einer solchen Salve an Urteilen kannst du dir im Handumdrehen den Tag verderben. Und kommst vielleicht zu dem Schluss: Ich werde es nie lernen. Ich bin einfach nicht gut genug. Mit mir stimmt etwas nicht.

Beurteilungen blockieren Entwicklung. Überlass solchen Gedanken und selbstschädigenden Einflüsterungen nicht das Feld! Bewertungen blockieren liebevolles Verständnis – die Voraussetzung für Entwicklung.

Der Schlüssel, so formuliert es der kalifornische Psychologe John Welwood[1], liegt darin, dass wir unsere Persönlichkeitsstruktur nicht als Problem oder Feind sehen. Das ist ein sehr wichtiger Gedanke: Du musst deine Persönlichkeit nicht beurteilen, reparieren oder sogar auslöschen.

Versuch dir stattdessen mit einer Haltung von Interesse, Aufmerksamkeit und Mitgefühl zu begegnen. »Schwächen« sind in Wirklichkeit keine Schwächen. Wenn du

---

1   John Welwood, *Psychotherapie & Buddhismus: Der Weg persönlicher und spiritueller Transformation*, Freiburg: Arbor-Verlag 2010

deinen augenblicklichen Entwicklungszustand als »Schwäche«, »Unfähigkeit« oder »Versagen« bezeichnest, nimmst du eine Wertung vor und wertest deine eigene Bedürftigkeit ab. Damit machst du dir das Leben noch schwerer. Wäre es nicht sehr erleichternd anzuerkennen, dass dir bestimmte Sachen einfach (noch) nicht möglich sind und dass du auch überhaupt nicht perfekt sein musst? Bestimmte Dinge nicht zu können ist etwas vollkommen Natürliches!

Gelegentlich bin ich mit meiner Großnichte Amalia im Auto unterwegs. Sie ist noch ein kleines Kind und dementsprechend sitzt sie hinten auf der Rückbank in ihrem Kindersitz. Stell dir vor, nun würde jemand sagen: »Lass doch die Amalia auch mal fahren!« Würdest du das für eine gute Idee halten? Angenommen, dieser Jemand würde auf seinem Vorschlag beharren: »Wie, das kann sie nicht? Was für ein unbegabtes Kind!« Würdest du dem zustimmen?

Wir sind uns vermutlich einig: Amalia muss noch nicht Auto fahren können, denn sie ist noch ein Kind. Eines Tages wird sie Auto fahren (und lesen, schreiben und rechnen) können, aber zurzeit braucht sie noch besonders viel Unterstützung und muss zum Beispiel in den Kindergarten gefahren werden. Ihre Bedürftigkeit betrachten wir nicht als Makel, sondern als ihrem Alter angemessen.

Wenn du deine »Unvollkommenheit« und Bedürftigkeit genau so gütig betrachten kannst wie die eines Kindes auf der Rückbank im Auto, wird das sehr befreiend wirken. Mehr noch: So wird Entwicklung erst möglich.

Im nächsten Schritt kannst du dann auch die »Schwächen« deines Partners oder deiner Partnerin auf diese Weise betrachten.

Achtsamkeit entwickeln

Achtsamkeit ist eine unverzichtbare Grundlage, um zu mehr Verständnis und Klarheit zu gelangen. Man kann sogar sagen: Der buddhistische Weg zu Verständnis und zu Klarheit *ist* Achtsamkeit.

Die Achtsamkeitspraxis beginnt bei dir selbst und besteht nach meinem Verständnis aus drei wesentlichen Aspekten. Du übst sie am besten zunächst nacheinander, um sie dann allmählich miteinander zu verbinden.

- Akzeptierende Selbstbeobachtung
- Liebevolle Selbsteinfühlung
- Bewusster Verzicht auf sofortige Einordnung und Deutung

Achtsam zu sein bedeutet, sehr aufmerksam und offen wahrzunehmen, was im Moment gerade geschieht, ohne es zu bewerten oder beeinflussen zu wollen. Wenn es etwas Angenehmes ist, nimmst du dies wahr, versuchst aber, es nicht festzuhalten, wenn es wieder verschwinden will.

Achtsamkeit beinhaltet sowohl Selbstbeobachtung als auch Selbsteinfühlung.

Wenn es etwas Unangenehmes ist, versuchst du, dich nicht dagegen zu wehren, sondern es einfach nur wahrzunehmen.

Indem du achtsam bist, legst du die Grundlage für Verständnis und Mitgefühl dir selbst und anderen gegenüber –

und damit für heilsames Handeln. Denn was du akzeptierst, kannst du klar sehen und verstehen. Und was du verstehst, kannst du auf heilsame Weise verändern. Auf diese Weise löst du die Fesseln, die die Identifikation mit Gefühlen und Gedanken dir anlegt.

Verlange nicht von dir, dass es dir auf einen Schlag gelingt, permanent völlig achtsam zu sein. Es wird dir zunächst sicher nicht leicht fallen, dir selbst ohne Bewertung zu begegnen. Das macht nichts, auch diese Praxis darf sich langsam entwickeln.

Übe dich als Erstes darin, dir selbst liebevolles Interesse entgegenzubringen. Wende dich dazu bewusst deiner Lebenssituation und den damit verbundenen Gedanken und Gefühlen zu. Nimm dir dafür ausreichend Zeit und Ruhe. Wenn du bemerkst, dass dir die Achtsamkeit abhanden gekommen ist, bist du schon wieder dabei, sie zurückzugewinnen. Wende dich dir einfach erneut liebevoll zu. Je länger du übst, desto besser wird es dir gelingen, achtsam zu bleiben, so wie ein Muskel immer stärker wird, wenn du ihn regelmäßig trainierst.

Wege der Achtsamkeit

Achtsamkeit umfasst sowohl die Wahrnehmung deiner Innenwelt als auch der Außenwelt. Sie grenzt nichts aus und bewertet nichts. Es ist allerdings nicht möglich, alles gleichzeitig achtsam wahrzunehmen, sondern du nimmst zu verschiedenen Zeiten verschiedene Dinge in den Fokus deiner Aufmerksamkeit. Bei der sogenannten »Panorama-

Bewusstheit« (Chögyam Trungpa) schaust du wie mit einem Weitwinkelobjektiv auf die Welt, begegnest also der gesamten Umgebung achtsam, kannst dafür aber Feinheiten nicht so intensiv wahrnehmen.

Achtsamkeit eröffnet dir verschiedene Zugänge zu dir selbst. Du kannst sie auf deinen Körper, deine Emotionen, deine Gedanken, deine Absichten und auch auf dein Bewusstsein selbst richten. Mit fortschreitender Praxis wirst du bemerken, wie eng all dies zusammenhängt. Gedanken rufen zum Beispiel Emotionen hervor, und jede Emotion hängt eng mit körperlichen Gefühlen zusammen. Dies alles nimmst du mit deinem Bewusstsein wahr.

Ein guter Einstieg in die Achtsamkeitspraxis ist immer wieder das bewusste Vergegenwärtigen deiner Erlebnisse. Eine Übung kann dich dabei unterstützen: Beim »Tagesrückblick« lässt du abends im Bett den Tag noch einmal Revue passieren und machst dir bewusst, wie du dich in verschiedenen Situationen verhalten hast und welche Auswirkungen dieses Verhalten auf dich und andere hatte.

Zunächst werde dir dabei deiner inneren Atmosphäre bewusst. Was fühlst du? Vielleicht nimmst du Anspannung wahr. Frage dich nun, was davor geschehen ist. Nehmen wir an, du hast mit deinem Partner zu Abend gegessen. Wie hat sich das angefühlt? Angespannt. Du hältst dies einfach nur fest.

Bewege dich auf diese Weise rückwärts durch die Abschnitte des Tages. Es geht ausdrücklich nicht darum, zu deuten oder zu bewerten. Mach dir einfach überblickartig

bewusst, wie die aufeinander folgenden Situationen sich angefühlt haben und wie sie zusammenhingen. Du kannst dir
dabei vorstellen, wie du mit einem Fahrstuhl aufwärts oder
abwärts fährst und Einblick in die verschiedenen Etagen – die
Situationen des Tages – erhältst, ohne irgendwo anzuhalten
oder auszusteigen. Die Frage lautet einfach immer nur: Und
was war davor? Wenn es dir lieber ist, kannst du auch mit
dem Morgen beginnen und den Tag vorwärts durchgehen.

Die Macht der Gedanken

Wenn du im Alltag deine Gedanken achtsam verfolgst,
kannst du feststellen, dass dir bestimmte Gedanken über
dich immer wieder Schwierigkeiten bereiten. Du setzt
dich zum Beispiel selbst unter Druck (»Ich muss«), wertest
dich ab (»Ich bin nicht gut genug«) oder stempelst dich ab
(»Ich bin nun mal ungeschickt«). Diese Gedankenmuster
blockieren dich, führen in die Grübelei, rufen belastende
Emotionen hervor und rücken Glück, Freude und Zufriedenheit in weite Ferne. Weil du dich mit diesen Gedanken
identifizierst, kannst du andere Aspekte deiner Persönlichkeit nicht mehr wahrnehmen. Die Schwäche, die du dir
unterstellst, erzeugst du mit diesen Mustern
erst oder erhältst sie am Leben.[2] Wenn du sie
bewusst wahrnimmst, bist du nicht mehr so
stark an sie gebunden. Mit der Zeit kannst du
sie völlig entmachten.

*Um etwas zu verän-
dern, musst du es
zuvor akzeptieren.*

2 Im Kapitel »Selbstvertrauen statt Selbstzweifel« in meinem Buch *Weck den
Buddha in dir* gehe ich ausführlich auf das Thema Gedankenmuster ein.

Verstand ist nicht alles!

Du hast zwei Möglichkeiten, zwei Bewusstseinsarten, um mit dir und anderen zu kommunizieren. Der tibetische Meister Tarab Tulku und seine Schülerin Lene Handberg sprechen vom Verstandesbewusstsein und vom fühlenden Bewusstsein oder Spürbewusstsein.[3] Keine dieser beiden Bewusstseinsformen ist besser oder schlechter als die andere. Du brauchst beide Zugänge, um dich in der Tiefe verstehen zu können. Zugang zu deiner eigenen Stärke findest du, indem du sie beide unterscheiden und für dich nutzbar machen lernst.

Im Verstandesbewusstsein erfährst du dich und die Welt denkend, benennend, beurteilend. Immer wenn Denken und Sprache im Spiel sind, ist das Verstandesbewusstsein aktiv. Während das fühlende Bewusstsein immer mit dem gegenwärtigen Moment verbunden ist, bezieht sich das Verstandesbewusstsein auch auf Vergangenheit und Zukunft.

Das Verstandesbewusstsein mit seinen Begriffen fixiert und trennt. Du denkst nach über dich und bist damit in einer gewissen Distanz zu dir. Im Verstandesbewusstsein entsteht oft eine Kluft: Auf der einen Seite erlebst du, was und wo du gerade bist, auf der anderen, was und wo du gerne wärest. Aus diesem Mangelgefühl entsteht Begehren. Somit ist das Verstandesbewusstsein meist unterwegs mit einem offenen oder versteckten Plan.

3 Siehe Tarab Tulku & Lene Handberg (Hg.), *Einheit in der Vielfalt: Moderne Wissenschaft und östliche Weisheit im Dialog*, Berlin: Theseus Verlag 2005.

Das Spürbewusstsein verwendet keine Sprache, du erfährst dich über das direkte Spüren. Über die Einfühlung führt dich das Spürbewusstsein in die frische Wahrnehmung und Verbindung.

Achtsamkeit auf den Körper lenken

Indem du die Achtsamkeit auf den Körper lenkst, aktivierst du das Spürbewusstsein. Spüre deinen Körper, während du ein gutes Essen genießt, wenn du tanzt, Sport treibst, in der Sauna schwitzt oder dich bei einer Massage entspannst. Spüre möglichst genau: die kleinen geschmacklichen »Sensationen« in deinem Mund (Sinneseindruck heißt auf Englisch nicht zufällig *sensation*!), die Bewegung deines Körpers im Rhythmus der Musik, der beschleunigte Herzschlag, der Schweiß, der deinen Rücken hinabrinnt, die kraftvollen Hände des Masseurs.

Beim nächsten Schritt konzentrierst du dich nicht auf die Sinneseindrücke, die von der Außenwelt hervorgerufen werden, sondern du versuchst, deinen Körper von innen zu fühlen. Am besten beginnst du an einem Ort in deinem Körper, den du besonders gut spüren kannst, zum Beispiel der Bereich des Sonnengeflechts in der Magengegend oder die Herzgegend. Es kann auch ein völlig anderer Ort sein: der Kopf, die Wirbelsäule, die Arme, die Füße, das bleibt ganz dir überlassen. Deinen persönlichen »Wohlfühlort« im Körper kannst du mit einer Übung ausfindig machen.[4]

4   Eine Anleitung findest du auf der CD, die diesem Buch beiliegt.

Auch wenn du über diesen Wohlfühlort Kontakt zu dir selbst aufnimmst, werden Gedanken auftreten. Lass sie einfach kommen und gehen. Statt ihnen zu folgen, lenke deine Achtsamkeit zurück auf das Empfinden an deinem Wohlfühlort.

Mit wachsender Achtsamkeit kannst du dann auch andere körperlichen Empfindungen wahrnehmen. Du wirst feststellen, dass jede Emotion mit körperlichen Empfindungen einhergeht. Wenn du verliebt bist, schlägt dein Herz schneller, es kribbelt im Bauch, du hast feuchte Hände, einen trockenen Mund. Wenn du dich nach einem Streit mit deinem Partner verletzt und hilflos fühlst, spürst du vielleicht einen Kloß im Hals. Wenn du merkst, dass deine Partnerin ärgerlich wird, und infolgedessen Angst bei dir aufkommt, verspannen sich deine Schultern. Wenn du auf den Ärger deiner Partnerin mit Wut reagierst, macht diese sich durch Spannung im Sonnengeflecht bemerkbar.

Meist sind Emotionen zunächst über Körperempfindungen wahrnehmbar. Mit etwas Übung wird der Körper für dich zu einer Art Wünschelrute: Er zeigt dir an, dass bestimmte Gefühle aufkommen. Wenn du sie rechtzeitig bemerkst, kannst du ihnen deine volle Aufmerksamkeit schenken und entscheiden, wie du mit ihnen umgehen möchtest, bevor sie die Kontrolle übernehmen. So bist du zum Beispiel in der Lage, in einem Streit nicht aus Wut zu reagieren und damit alles noch schwieriger zu machen. Versuche stattdessen innezuhalten, dich vielleicht sogar

Dein Körper führt dich wie eine Wünschelrute zu deinen Gefühlen.

zurückzuziehen, bis deine Emotionen nicht mehr so stark sind.

Wichtig ist, dass du deine körperlichen Empfindungen und Emotionen nicht bewertest. Bleib einfach in Verbindung mit ihnen und gib ihnen Raum. Wenn die Situation es zulässt, interessiere dich für sie und taste dich mit dem Spürbewusstsein förmlich in sie hinein. Es ist nicht wichtig, was du spürst, sondern dass du spürst. Auf Benennungen und Erklärungen versuche zu verzichten.

Wenn du deine Gefühle interessiert und wohlwollend erforschst, bringst du ihnen keinen Widerstand mehr entgegen. Du löst dich aus der Identifikation mit ihnen. Sie fesseln dich nicht weiter, sondern du beobachtest, wie sie kommen und gehen – und bist im selben Moment frei. Du stellst fest: Das Gefühl an sich ist nichts Bedrohliches, es ist wie eine Wolke, durch die du unbeschadet hindurchzugehen vermagst.

Zugleich kommst du in Kontakt zu einer tieferen Schicht in dir, die von Mitgefühl und Akzeptanz geprägt ist und eine liebevolle Kraft freisetzt.

Verzichte darauf, verstehen zu wollen

Wenn du dich ganz dem Spürbewusstsein hingibst, verzichtest du zunächst darauf, etwas verstehen zu wollen – und ermöglichst damit letztlich ein tieferes Verständnis.

Eine meiner Schülerinnen hat dies auf sehr beeindruckende Weise erlebt. Sie praktiziert schon sehr lange und gibt selbst Meditationskurse. Vor einiger Zeit hatte sie große Probleme mit ihrem Partner, und obwohl sie schon viele Methoden ausprobiert hatte, fand sie keinen angemessenen Umgang damit. Folgender Rat hat ihr schließlich geholfen, den Teufelskreis des Verstandesbewusstseins und der damit verknüpften Muster und Prägungen zu durchbrechen:

Wenn du das nächste Mal in einer schwierigen Situation mit ihm bist, konzentriere dich nicht auf ihn und die Situation, sondern spüre in dich hinein. Verzichte bewusst darauf zu verstehen, was geschieht. Verzichte auch darauf, dem Geschehen irgendeine Bedeutung beizumessen; es ist weder bedeutungsvoll noch bedeutungslos. Ordne nichts ein, lass es einfach nur sein. Bleibe wach und zeige Präsenz im direkten Kontakt mit dem Leben. Wenn es dir gelingt, werden die Spannungen sich lösen. Du musst dann nichts mehr überwinden, nichts erreichen. Du gelangst in einen Zustand, in dem es dir an nichts mangelt.

Sicher, in Beziehungen gibt es immer wieder viel zu besprechen. Jeder hat Bedürfnisse und Wünsche, die es zu achten gilt. Schwierigkeiten verlangen oft danach, verbal geklärt zu werden. Auch Kritik am Partner, der Partnerin muss möglich sein. In den folgenden Kapiteln biete ich dir Hilfestellungen für den Beziehungsalltag an. Der wichtigste Schlüssel zum Glück jedoch ist direktes Erleben. Es ermöglicht dir, mit dir selbst und anderen Menschen verständnisvoll und gütig umzugehen – auch in schwierigen Situationen. Das Spüren ermöglicht dir eine kraftvolle Gelassenheit, die dir in der Beziehung zu dir selbst und anderen sehr helfen wird.

Der Schlüssel zum Glück ist direktes Erleben.

3. In Kontakt kommen

In einer buddhistischen Zeitschrift las ich einmal folgende Kontaktanzeige: »Junger, gut gebauter, dunkelhaariger Buddhist sucht: sich selbst.«

Zuerst ging ich davon aus, dass es sich nur um einen Scherz handelte. Aber je länger ich darüber nachdachte, desto klarer wurde mir, dass der Mann auf der richtigen Fährte war. Er wusste offenbar: Wer Einsamkeit hinter sich lassen will, muss nicht unbedingt den Partner fürs Leben kennenlernen, sondern vor allem sich selbst.

Im Kontakt mit der eigenen inneren Fülle fällt es dann leichter, mit anderen Menschen in Verbindung zu treten – sei es auf der Suche nach dem Traumpartner oder in der Beziehung, in der man bereits lebt.

Die Sehnsucht nach Verbindung

Von meinen Einsätzen als Notarzt kenne ich schon lange einen Mann, der immer wieder anruft, besonders häufig in der dunklen Jahreszeit und an Feiertagen, wenn andere bei ihren Familien oder mit Freunden zusammen sind. Meistens gibt er Herzschmerzen als Grund für seinen Anruf an. Doch es ist nicht sein körperliches Herz, das schmerzt. Seine Wohnung ist voller Plüsch-Teddybären: In jeder Größe und Farbe, in allen Zimmern, insgesamt sind es über 600. Er möchte keine Behandlung im üblichen Sinn. Er möchte nur, dass ich bei ihm sitze – etwa 10 bis 15 Minuten, entsprechend der Dauer eines gewöhnlichen Hausbesuchs, denn er ist bescheiden. Manchmal möchte er, dass wir zusammen schweigen, hin und wieder erzählt er ein wenig aus seinem Leben: Von einem als lieblos empfundenen Elternhaus, zwei gescheiterten Ehen ohne Kinder. Seit Jahren lebt er allein und vermeidet, unter Menschen zu gehen, denn dann fühlt er sich noch einsamer. Gleichzeitig sehnt er sich nach einem Ausweg aus diesem Gefängnis.

Einsamkeit ist weit verbreitet

An Weihnachten verdoppeln wir im ärztlichen Notdienst die Einsatzkräfte. Zwar nimmt die Einsamkeit selten so drastische Formen an wie bei dem Mann mit den 600 Teddybären, aber unter Einsamkeit leiden heute sehr viele Menschen, und zwar unabhängig von ihrem Alter und der sozialen Stellung.

Wahrscheinlich kennst du ebenfalls Phasen oder Momente der Einsamkeit in deinem Leben. Auch Menschen, die Freunde haben und in einer Beziehung leben, können sich einsam fühlen. In manchen Beziehungen haben die Partner schon lange die Verbindung zueinander verloren.

»Er sitzt nur noch vor seinem Computer«, berichtete mir einmal eine Kursteilnehmerin. Seit über 30 Jahren war sie mit ihrem Mann verheiratet. »Für mich interessiert er sich nicht mehr und ich darf ihn nicht mehr berühren.«

Eine andere Frau verließ ihren Mann nach vielen Jahren der Einsamkeit in der Ehe und schloss sich einer spirituellen Wohn- und Lebensgemeinschaft an. Nach einem halben Jahr sprang sie von einer Brücke. Sie hinterließ einen Zettel: »Bei euch habe ich erfahren, was möglich ist. Doch für mich ist der Weg dorthin mittlerweile zu weit und zu schwierig.«

Das Gefühl getrennt zu sein

Einsamkeit geht stets einher mit dem Erleben, getrennt zu sein. Du sehnst dich nach Zugehörigkeit, nach Liebe und menschlicher Wärme und gleichzeitig erlebst du dich als ausgegrenzt, wie umzäunt. Jedes Erleben von Trennung ist mit Leiden verbunden.

Einsame Menschen tragen oft tiefe Blockaden in sich, die sie hindern, sich auf andere einzulassen. Der Grund dafür können schmerzhafte Erfahrungen in vorherigen Bindungen sein, sei es mit den Eltern oder in Liebesbeziehungen. Die Angst, dass sich die schmerzhaften Erlebnisse wiederholen könnten, ist dann übermächtig.

Auch die Angst vor Ablehnung kann eine Rolle spielen. In milderer Form kennen wir solche Blockaden als Schüchternheit. Aus Angst vor negativen Reaktionen fällt es uns schwer, Kontakt aufzunehmen. Obwohl wir nach Nähe suchen, weichen wir aus oder ziehen uns zurück. Dann leiden wir unter dem Gefühl, keine Verbindung herstellen zu können, nicht dazuzugehören.

Von außen ist das oft kaum wahrnehmbar. Manche

Menschen leben ein scheinbar geselliges Leben, fühlen sich aber einsam. Mir selbst ging es oft bei geselligen Anlässen mit verordneter Fröhlichkeit so, zum Beispiel an Silvester.

Fluchtmanöver und Ersatzbefriedigungen

Wenn du dich einsam erlebst, entwickelst du eventuell bestimmte Strategien, um deine Einsamkeit nicht zu spüren, kleine oder große Fluchten oder Ersatzbefriedigungen.

Manche Menschen versuchen, ihrer Einsamkeit durch Konsum zu entfliehen. Der Mechanismus wird in der Werbung sogar bewusst eingesetzt: Kauf das Produkt, und du erlebst Verbindung! Werbung für Alkohol zeichnet oft Bilder von Menschen, die gemeinsam fröhlich sind. Und eine Versicherung wirbt damit, »eine starke Gemeinschaft« zu sein.

Eine alleinerziehende Mutter erzählte mir von ihrer Essstörung: Den ganzen Tag über kann sie sich sehr zurückhalten, aber abends gibt es dann plötzlich kein Halten mehr, da stopft sie sich mit Chips und Süßigkeiten voll. Sie beginnt damit immer genau dann, wenn ihre Tochter ins Bett gegangen ist und sie alleine im Wohnzimmer sitzt. »Dann ist es immer so still in der Wohnung«, sagte sie.

Nicht wenige Menschen versuchen, ihre Einsamkeit zu übertünchen, indem sie sich viel Arbeit aufbürden. Effizient sein und Leistung bringen als Strategie, sich nicht selbst zu spüren. Im Urlaub suchen sich solche Menschen dann spektakuläre Ziele und atemberaubende Aktivitäten. Sie halten ihre Abenteuerreisen für erfüllend und merken gar nicht, dass sie damit vor allem ihre Einsamkeit erträglich machen wollen.

Die Liste ließe sich noch lange fortsetzen: Alkohol, Medikamente und Drogen, laute Musik, abends immer verabredet, an jedem Wochenende unterwegs, immer auf der Suche nach sexuellen Erlebnissen, rastloses Hoffen auf die nächste SMS oder »Gefällt mir«-Klicks bei Facebook.

Doch die innere Bedürftigkeit, die innere Leere, lässt sich nie mit äußeren Dingen füllen. Die Sehnsucht nach Verbindung befriedigst du nicht durch oberflächliche Kontakte. Und Betäubung hilft dir, wenn überhaupt, nur kurz.

> Innere Leere lässt sich nicht mit äußeren Dingen füllen.

Einsamkeit bewusst erleben

Der Buddha rät uns, schwierigen Gefühlen nicht auszuweichen, sondern sie bewusst zu spüren und zu akzeptieren. Nur so können wir einen heilsamen Umgang damit finden und uns weiterentwickeln.

Normalerweise gehen wir davon aus, etwas tun zu müssen, um unsere Situation möglichst schnell zu verbessern. Diese Überzeugung ist uns in Fleisch und Blut übergegangen. Also ergreifen wir eine Maßnahme nach der anderen gegen die Situation, wie sie jetzt gerade ist. Ich nenne diesen Geisteszustand den Tunmodus. Er entspringt dem Verstandesbewusstsein.

Der Tunmodus alleine vermag das Problem aber nicht zu lösen. Nur wenn du deine Aufmerksamkeit nach innen richtest, kannst du klar sehen, was in dir vorgeht und wonach du dich eigentlich sehnst. Schalte also um vom Tunmodus in den Seinsmodus.

Achtsamkeit entwickeln

Es ist wichtig, Gedanken und Gefühle der Einsamkeit so früh wie möglich wahrzunehmen und zu beobachten, damit sie dich nicht vereinnahmen können. Einsamkeit kann wie ein Sog wirken, die Lage erscheint dir dann immer aussichtsloser.

Ein guter Anfang kann sein, Tagebuch zu führen. Damit wendest du dich in liebevoller Absicht dir selbst zu, bringst dein Innerstes nach außen und lernst, in dir selbst gewissermaßen zu lesen wie in einem Buch. Das hilft dir, dich nicht in deinen Gefühlen zu verstricken, dich nicht mit ihnen zu »identifizieren«, sondern sie als ein vergängliches Geschehen zu betrachten, auf das du nicht festgelegt bist.

Denkmuster identifizieren

Selbstbeobachtung hilft dir, Denkmuster zu identifizieren, die dich blockieren. Viele Menschen sind fixiert auf ein Selbstbild, das sie in der Einsamkeit festhält und glauben lässt, an ihrer Situation nichts verändern zu können. Es bringt ständig negative Gedanken hervor: »Ich bin nicht liebenswert«, »Für mich wird sich nie jemand interessieren.« Oder: »Wenn ich einen Menschen an mich heranlasse, wird es wieder so schmerzhaft werden wie beim letzten Mal.« Vielleicht stempelst du dich ab, indem du denkst:

»Ich bin kein geselliger Mensch.« Vielleicht verurteilst du dich: »Warum sollte auch jemand an einem Menschen wie mir Interesse haben?« Vorsicht ist immer auch bei Gedanken geboten, die mit »Ich sollte« oder »Ich müsste« beginnen (»Ich sollte längst jemanden gefunden haben.«) Damit setzt du dich selbst unter Druck.

Solche Muster des Denkens und Empfindens sind durch frühere Erfahrungen entstanden. Schenkst du den Gedanken Glauben, werden sie leicht zur sich selbst erfüllenden Prophezeiung, denn du verschanzt dich dann in deiner Haltung des Mangels, die von Angst geprägt ist und auf andere Menschen wenig anziehend wirkt. Negative Gedankenmuster sind nie hilfreich, sondern blockieren deine Fähigkeit, mit anderen Menschen in Kontakt zu treten – eine Fähigkeit, die in jedem Menschen als Potenzial vorhanden ist!

Trügerisch sind auch Gedanken, die nach dem Schema »Alles oder nichts« funktionieren. »Diese Frau oder keine!« – »Heute oder nie!« – »Niemand will mit mir tanzen.« Wie könnte man Hoffnungslosigkeit wirkungsvoller vorprogrammieren? Alles-oder-nichts-Gedanken postulieren einen Idealzustand, den es nicht gibt, oder sie geben alles verloren. Sie entwerten alle Möglichkeiten, die du ohne diese Gedanken hättest.

»Warum hast du nie geheiratet?«, wurde Mullah Nasruddin, eine Art Eulenspiegel der türkischen Volksliteratur, von einem Freund gefragt. »Oh, ich habe es mir sehr gewünscht«, antwortete Mullah Nasruddin. »Deswegen habe ich mich auf die Suche nach der perfekten Frau gemacht. In Damaskus fand ich eine schöne Frau, die gütig und spirituell war, aber sonst wenig wusste. In Isfahan traf ich eine Frau, die spirituell wie weltlich sehr gebildet war, aber wir verstanden uns nicht. In Kairo schließlich fand ich nach langer Suche eine perfekte Frau. Sie war spirituell, anmutig und wunderschön!« – »Warum hast du sie dann nicht geheiratet?«, fragte der Freund. »Sie suchte den perfekten Mann.«

Erwartungshaltungen entschärfen

Erwartungshaltungen verhindern Verbindung. »Mach mich glücklich!«, »Sei mein Ein und Alles!«, »Erlöse mich von meinem Leid!« – mit solchen Forderungen setzt du dich und potenzielle Partner unter Druck, schlägst sie geradezu in die Flucht. Kommt trotzdem eine Verbindung zustande, bewertest du jede Situation nach diesem überzogenen Maßstab – im Alltag, im Urlaub, im Bett. Damit überforderst du den anderen und blockierst die Bindung, bevor sie überhaupt wachsen kann.

Erwartungen blockieren Verbindung.

Zugleich wirst du vermutlich an der Beziehung zweifeln, wenn der andere Mensch deinen Bedürfnissen nicht zu hundert Prozent genügt – was ganz sicher irgendwann der Fall sein wird. Früher oder später lassen dich überhöhte Erwartungen dann den Glauben an Beziehungen verlieren. Sie sind ein Grundstein der Einsamkeit.

Dich selbst befragen

Wenn es dir schwerfällt, mit anderen in Kontakt ⸱
kann dir eine Methode aus der Gewaltfreien KomⱠ.
tion des amerikanischen Psychologen Marshall Rose͟ ⸝rg
helfen, den Gründen auf die Schliche zu kommen: der
Selbstdialog.[5]

Nimm an, du befindest dich auf einer Party, aber du
fühlst dich nicht wohl. Vielleicht hast du den Eindruck,
dass du nicht richtig dazu gehörst, und fragst dich, was die
anderen wohl von dir halten. Dies ist der Zeitpunkt, um mit
dir in Dialog zu treten! Wende dich dem Teil deiner Persönlichkeit zu, der gerade dein Verhalten steuert, und frage
ihn: »Was tust du gerade?« Die Antwort könnte lauten: »Ich
habe mich in eine Ecke zurückgezogen.« Oder: »Ich rede
laut und viel.« Oder: »Ich reiße die ganze Zeit Witze.« –
»Ich halte mich an meinem Glas fest.« – »Ich rauche schon
wieder so viel.« Und so weiter.

Nun kannst du diese Fragen stellen: »Was möchtest du
mir zeigen?« – »Auf was möchtest du mich hinweisen?«
– »Was möchtest du verbergen?« – »Was möchtest du beschützen?«

Vielleicht lautet die Antwort: »Ich bin unsicher.« Oder:
»Ich möchte jemandem gefallen.« Oder: »Ich habe Angst
davor, dass die anderen Gäste mich nicht mögen könnten.«
Oder: »Ich muss aufpassen, dass niemand bemerkt, wie
ungebildet ich bin.« Möglicherweise weisen dich die Ant-

---

5 Marshall Rosenberg, *Gewaltfreie Kommunikation. Eine Sprache des Lebens*, Pa-
derborn: Junfermann Verlag 2010

worten auch auf bestimmte bewertende Gedankenmuster hin: »Ich bin langweilig.« – »Die anderen sind geistreicher als ich.«– »Ich bin unfähig, in die Offensive zu gehen.« Die nächste Fragen lautet: »Welche tiefere Sehnsucht liegt all dem zugrunde?« Wenn du genau in dich hineinhorchst, wirst du feststellen: Es ist immer die Sehnsucht nach Verbindung. Sie äußert sich im Wunsch nach Akzeptanz, nach Aufmerksamkeit, Dazugehören. Nun fragst du den in dir aktiven Teil: »Führt dein Verhalten wirklich zu diesem Ziel?«

Einen solchen Selbstdialog kannst du immer führen, wenn dich etwas blockiert. Er wird dir helfen, dich nicht in kontraproduktives Verhalten zu verstricken. Vor allem aber führt er dich zu den Bedürfnissen hinter deinem Verhalten.

Bestehe am Ende aber nicht darauf, dass deine Wünsche und Bedürfnisse erfüllt werden. Je mehr du dich gegen deine Situation wehrst, desto schmerzhafter wird sie. Manchmal kommt es einfach darauf an zu akzeptieren, dass Bedürfnisse gerade unerfüllt bleiben.

Bedürfnisse müssen nicht erfüllt werden, aber wollen gehört werden.

Die Bedürfnisse hinter den Wünschen

In anderen Fällen gibt es Möglichkeiten, Abhilfe zu schaffen – aber auf andere Weise als zunächst gedacht. Vielleicht sehnst du dich nach einer Beziehung und erkennst: Das Bedürfnis dahinter ist das nach Nähe und Fürsorge. Zurzeit bleibt es unbefriedigt. Wenn du dies akzeptiert und verstanden hast, kannst du im nächsten Schritt schauen, ob sich dieses Bedürfnis vielleicht auch auf andere Weise befriedigen lässt, zum Beispiel indem du dich intensiver um bereits bestehende Freundschaften kümmerst.

Mit diesem Vorgehen durchbrichst du das gedankliche Muster, nach dem du Glück nur erleben kannst, wenn du deinen Traummann oder deine Traumfrau findest.

Schüchternheit

Der Selbstdialog dient allein dem liebevollen Verständnis deiner selbst. Er darf nicht verwechselt werden mit der abwertenden Form von Selbstbeobachtung, zu der zum Beispiel schüchterne Menschen neigen. Ständig nehmen sie ihre vermeintlichen oder realen Schwächen in den Blick. Dahinter steckt die Angst, von anderen nicht gemocht zu werden, dahinter wiederum Selbstzweifel. Um negative Reaktionen zu vermeiden, verhalten sich schüchterne Menschen zurückhaltend. Sie trauen sich nicht, etwas zu sagen oder zu tun. Sie vermeiden Augenkontakt, und wenn man sie anspricht, erröten sie und verspannen sich.

Schüchternheit ist schmerzhaft und anstrengend, blockiert Verbindung, den Zugang zu positiven Ressourcen sowie Einfühlung dir selbst gegenüber.

Das wirksamste Gegenmittel ist die Metta-Meditation.[6] Metta wird in der Regel mit »Liebende Güte« übersetzt. Treffender wäre aus meiner Sicht »tatkräftige Liebe«. In der Metta-Meditation geht

»Auch du gehörst dazu.«

6 Auf der CD zu diesem Buch findest du eine Anleitung zur Metta-Meditation.

es darum, Gefühle der Wertschätzung, Wärme und Nähe hervorzubringen, und zwar ausdrücklich auch dir selbst gegenüber. Was immer du in dir wahrnimmst, verurteilst du nicht, sondern nimmst es mit einer annehmenden Haltung an. Mein Lieblingsslogan für diese Umgangsweise lautet: »Auch du gehörst dazu.«

Wenn Metta in dir aktiv ist, gibt es keine besseren oder schlechteren Menschen. Deine Negativ-Urteile über dich selbst verlieren ihre zerstörerische Kraft, lösen sich auf in der Energie der Liebe.

Spüren eröffnet eine andere Dimension

Und wieder ist es das direkte Spüren, das dir den Quantensprung in eine andere Dimension des Erlebens ermöglicht. Einen guten Einstieg bieten dir auch die Körperempfindungen. Wenn Gefühle der Einsamkeit aufkommen, erspüre, wie sie sich im Körper äußern, zum Beispiel in Verspannungen, einem Kloß im Hals oder in Kopfschmerzen. Dies bewusst zu spüren wird die Einsamkeit nicht auflösen, doch ihre Intensität wird sich verändern. Das akzeptierende Spüren verschafft dir unmittelbar Linderung. Und dann kann der Wandel seinen Lauf nehmen.

Allein statt einsam

Ich bin als Mitglied einer Großfamilie auf einem Bauernhof aufgewachsen. Ab meinem 12. Lebensjahr starb jedes Jahr ein Mitglied der Familie, zuletzt meine Mutter. Ich erinnere mich an einen Sonntagmorgen, als ich als Siebzehnjähriger ganz allein auf dem Hof war. Mein Vater hatte eine Arbeitsstelle angenommen, und ich kümmerte mich um die Tiere. Es regnete, und ich fühlte mich zutiefst einsam.

Ich begann zu weinen. Viele Situationen der letzten Jahre wurden in mir lebendig, in denen ich mich einsam und ausgegrenzt gefühlt hatte, und ich beweinte auch diese Situationen ausgiebig. Ich weinte wohl eine Stunde. Und im Laufe dieser Stunde veränderte sich in mir etwas grundlegend. Indem ich mich fühlend dem gegenwärtigen Moment hingab, lockerte sich das feste Ich meiner persönlichen Identität. Ich erlebte eine Verbundenheit nach innen wie nach außen, zu den Tieren im Stall, zu jeder Kreatur.

Ich war immer noch der einzige Mensch auf dem Hof, aber aus der Einsamkeit war Alleinsein geworden.

Aus Einsamkeit kann Alleinsein werden.

Einsamkeit und Alleinsein sind völlig verschiedene Zustände. Der Psychoanalytiker Rolf Haubl hat das sinngemäß so auf den Punkt gebracht: Einsamkeit heißt *außer sich* sein. Alleinsein hingegen bedeutet *bei sich* sein.

In der Einsamkeit hast du die Verbindung zur Welt verloren, kreist hilflos um dich selbst, bist gefesselt von Gedanken, deinem Widerstand gegen die Situation, deinem Begehren. Im Alleinsein hingegen ist die Welt in Ordnung. Die negativen Gefühle gehören zu dir, aber du reduzierst dich nicht darauf. Du weißt, dass du sehr viel mehr bist, spürst dich selbst sehr deutlich und fühlst dich in Verbindung mit deiner Umgebung.

In besonders kostbaren Momenten, wie ich einen solchen auf dem Hof erlebte, ermöglicht Alleinsein so etwas wie »mit dem All-eins-Sein«. Du bist in diesen Augenblicken vollkommen bei dir und mit dir, erlebst gleichzeitig innere und äußere Vielgestaltigkeit und dabei dich selbst als Teil von etwas Großem, das alles in sich vereinigt. Und du erlebst Frieden.

Alleinsein ermöglicht All-eins-Sein.

In der Lehre des Buddha – wie in vielen spirituellen Traditionen – spielt das Alleinsein eine große Rolle. Sariputta, einer der bedeutendsten Schüler des Buddha, bezeichnete physische Abgeschiedenheit als wichtige Voraussetzung für das Entstehen geistiger Abgeschiedenheit. Die geistige Abgeschiedenheit wiederum ist notwendig, um geistige Trübung hinter sich zu lassen – und dies ist eine notwendige Bedingung für Verbundenheit, Frieden und Glück.

Vermutlich hast du selbst schon erlebt: Bist du über längere Zeit pausenlos in Gesellschaft, physisch zusammen mit anderen Menschen, zum Beispiel mit deinem Partner oder deiner Partnerin oder deinen Kindern, dann wird es früher oder später eng und schwierig. Leicht reagiert ihr überempfindlich aufeinander und verstrickt euch in Konflikten. Achtsame Selbstbeobachtung und -Einfühlung sind in Gesellschaft sehr viel schwieriger, oft kaum möglich. Ohne Phasen des Alleinseins kommt dir der achtsame Zugang zu dir selbst abhanden.

Es braucht Phasen des Alleinseins, um die vielfältige innere Landschaft deiner Bedürfnisse, deiner Wahrnehmungs- und Gewohnheitsmuster kennenzulernen.

Auch Widersprüchliches darf sich äußern, wächst im Raum der Akzeptanz zu einer Einheit zusammen. Du nimmst eine liebevolle Verbindung zu dir selbst auf.

Allein leben heißt nicht einsam sein

Zeitweilig allein zu sein in diesem Sinne ist also ein wichtiger Schlüssel zum inneren Wachstum. Du musst deswegen nicht zölibatär leben wie Mönche und Nonnen. Aber du kannst dich durchaus entscheiden, ohne Partnerschaft zu leben, und dich gleichzeitig ausbalanciert, zufrieden und verbunden fühlen, sei es nun phasenweise oder dauerhaft. Bewusstes Erleben kann Einsamkeit vollkommen in Klarheit und Verbundenheit verwandeln.

Um sich den Wert des Alleinseins zu erschließen, ist natürlich mehr als bloß physische Abgeschiedenheit notwendig. Sich wirklich auf sich selbst einzulassen, das sind die meisten Menschen nicht gewöhnt. Ohne Gesellschaft bekommen sie schnell Angst oder fühlen sich leer. Deswegen übertünchen sie diese wunderbare Gelegenheit, sich zu spüren, mit Geschäftigkeit, rufen so schnell wie möglich jemanden an oder schalten den Fernseher ein.

Es braucht Mut, sich zu spüren, und die Unterstützung durch Metta-Praxis, um den Zugang zur inneren Fülle zu erschließen.

Auf andere zugehen

Metta ist in jedem Menschen vorhanden, aber wir verlieren oft die Verbindung dazu. Wir können diese Liebe in uns allen mit entsprechenden Übungen wachküssen wie Dornröschen.

In Metta bist du allein und gleichzeitig verbunden mit anderen. Du erlebst dich nicht mehr getrennt, nicht mehr einsam. Mit Metta stößt du die Tür auf zu innerem Reichtum. Es mag eine Zeit dauern, bis deine Praxis dich zu diesem Erleben führt, aber wenn du Metta praktizierst, wird es ganz sicher geschehen.

Aus dem Erleben der Fülle, der Liebe in dir, kannst du dich besser auf andere Menschen zubewegen. Du suchst nicht mehr aus dem Gefühl der Bedürftigkeit und Begrenztheit nach Kontakt zu anderen, sondern gehst mit einem Gefühl innerer Stärke auf sie zu. Du stellst keine Forderungen auf, sondern hast etwas zu verschenken.

Keine schlechten Kompromisse

Wenn neue Partnerschaften oder Freundschaften entstehen, schau zunächst genau hin, wie der Mensch, der da gerade in dein Leben tritt, auf dich wirkt. Der Buddha rät dir eindringlich, in dieser Hinsicht keine Kompromisse einzugehen. Er sagt: Halte dich fern von Menschen, die dich zum Bruch der Tugendregeln veranlassen wollen. Nimm dich auch in acht vor Menschen, die gar nicht wirklich mit dir zusammen sein möchten, sondern die nur die Nähe eines anderen Menschen suchen, weil sie nicht alleine sein können. Und meide den Kontakt zu Menschen, denen es mehr um Zerstreuung als um Verbindung geht. Kurz: Mit Menschen, die deiner Entwicklung nicht gut tun, gehe keine engen Bindungen ein. In der Lehrrede vom Nashorn[7] sagt der Buddha:

> Wenn einen weisen Freund man findet,
> Als Weg-Gefährten, edel lebend, kraftvoll,
> Jedwede Widrigkeiten überwindend,
> Mag wandern man mit ihm, beglückt und achtsam.

> Wenn keinen weisen Freund man findet,
> Als Weg-Gefährten, edel lebend, kraftvoll,
> Gleich einem König, der besiegtes Land verlässt,
> Allein mag wandern man, dem Nashorn gleich.

Wenn du dich nach einer Liebesbeziehung sehnst, mach dir bewusst, wie wertvoll auch die Freundschaften sind, die du vielleicht bereits pflegst. Der Buddha hat den Wert der Freundschaft sehr betont. Freundschaften sind nicht per se weniger bedeutsam als Liebesbeziehungen.

Wenn du wie ein Nashorn allein unterwegs bist, betrachte diese Zeit nicht als verlorene Zeit, sondern nutze sie zur Entwicklung. Lass nicht zu, dass bittere Gedanken dich beherrschen und sich verfestigen. Statt »warum?«, frage lieber »wozu?« Welche sinnvollen Schritte könntest du von hier aus gehen?

---

7 »Das Nashorn« (Khaggavisāna-Sutta), *Sutta-Nipāta*, I.3, 45-46, Stammbach: Verkag Beyerlein & Steinschulte 1996

4. Wie Beziehungen gelingen können

Eine Freundin und ihr Mann stehen kurz vor der Silberhochzeit. Die beiden pflegen ein gemeinsames Ritual: Jeden Morgen trinken sie im Bett einen Cappuccino zusammen. Eines Morgens hat sie beim gemeinsamen Cappuccino ihren Mann gefragt: »Wenn du mal zurückdenkst an damals, als wir uns kennengelernt haben: Hast du dir unsere Beziehung damals so vorgestellt, wie sie jetzt geworden ist?« – »Nein«, antwortete er. Und nach einer kurzen Pause: »Ich habe sie mir damals nicht so schön vorgestellt.«

Das ist es, was möglich ist. Es gibt solche Paare, die uns wie ein Leuchtturm zeigen, wohin uns eine erfüllte Beziehung führen kann. Auch meine Großeltern lebten in dieser Weise 60 Jahre miteinander, bevor sie schließlich kurz nacheinander starben. Mein Großvater Eduard wurde 91, meine Großmutter Mathilde 90. In den letzten Jahren sprachen sie nicht mehr viel. »Ede, du sagst ja gar nichts«, sagte sie zu ihm manchmal. Nach einer Weile sagte er dann: »Ich hab doch schon alles gesagt.« In diesem Moment war für den kleinen Jungen, der ich damals war, eine tiefe Verbindung der beiden zueinander spürbar. Die Erinnerung daran hat mich durch meine Beziehungen in meinem Leben getragen und mir in schwierigen Momenten geholfen. Das

Wissen: Es ist möglich! Worauf beruht eine glückliche Beziehung? Besonders wichtige Säulen sind: *Bewusstheit, Einfühlung* und *Wertschätzung*.

Die meisten Menschen versuchen, durch Beziehungen ihre Bedürfnisse zu befriedigen. Der Partner soll unsere Wünsche erfüllen und uns Erleichterung verschaffen, wenn es uns nicht gut geht. Das ist etwas ganz Natürliches. Problematisch wird es immer dann, wenn wir darauf bestehen, dass der andere unsere Bedürfnisse befriedigt. Allzu oft betrachten wir unseren Partner als Goldesel für unser Wohlbefinden.

> Bewusstheit, Einfühlung und Wertschätzung sind tragende Säulen einer Beziehung.

Treten Probleme auf, wollen wir schnelle Lösungen. Treten Wünsche auf, wollen wir schnelle Erfüllung. Ist dies nicht möglich, werden wir ungeduldig und fordernd. Den hinter dieser Haltung verborgenen Widerstand gegen das, was jetzt ist, erkennen wir nicht. Vielmehr nähren wir auf diese Weise unsere Unzufriedenheit und oftmals setzen wir zusätzlich unsere Partner unter Druck.

Die drei Säulen glücklicher Beziehungen – Bewusstheit, Einfühlung und Wertschätzung – sind nicht auf Lösungen und schnelle Veränderungen ausgerichtet, sondern auf Beistand und Offenheit. Sie helfen uns, einfach mit anderen zusammen zu *sein*, statt sie oder auch die Beziehung verändern zu wollen. Sie erschließen Beziehungen als ein Feld der Entwicklung. Dabei ist es nicht erforderlich, dass sich zwei Menschen in die gleiche Richtung oder sogar im Gleichschritt entwickeln. Es kann wunderbar und sehr hilfreich sein, wenn man gemeinsam mit der Partnerin oder dem Partner einen spirituellen Weg geht, aber das ist eine Seltenheit und es ist keine notwendige Bedingung für eine gelungene Beziehung.

Es geht nicht darum, Dissonanzen und Meinungsverschiedenheiten um jeden Preis zu vermeiden. Damit eine Bindung lange bestehen bleibt und immer tiefer wird, ist es wichtig, dass wir den anderen auch dann respektieren, wenn er sich anders verhält oder entwickelt, als wir es uns wünschen.

Entscheidend ist, wie du reagierst, wenn Schwierigkeiten aufkommen, etwa wenn ein Streit beginnt. Nimmst du die Dissonanz bewusst wahr? Oder verlierst du die Bewusstheit, überlässt dich den Gefühlen, wirst zu ihrem Spielball – und trägst damit zur Eskalation bei? Erinnere dich in schwierigen Momenten zunächst an die erste tragfähige Säule von Beziehungen: *Bewusstheit*.

Schwierigkeiten können für dich mit der Zeit die gleiche Funktion bekommen wie eine Klangschale im Meditationszentrum: Sie erinnern dich daran, dass eine Übungssituation beginnt. Mit problematischen Situationen und Gefühlen bewusst umzugehen ist ein unverzichtbarer Teil buddhistischer Praxis. Was du im Beziehungsleben erlebst und üben kannst, ist sehr wertvoll; es lässt sich durch die Praxis auf dem Meditationskissen nicht ersetzen. Liebesbeziehungen intensivieren viele Gefühle enorm, die angenehmen wie die schmerzhaften. Sie wirken gewissermaßen wie ein Mikroskop für Emotionen und geben dir damit auch die Chance, besonders genau hinzuschauen, besser gesagt: hinzuspüren.

Wenn hier von Bewusstheit die Rede ist, dann ist achtsames Bewusstsein gemeint: Achtsamkeit auf dich selbst, deinen Körper, die Gefühle und die Gedanken. Nimm aber auch deinen Partner sehr achtsam wahr: Wie verhält er sich? Wie fühlt er sich gerade? Welche Bedürfnisse hat er? Betrachte ihn also nicht nur durch die Brille deiner eigenen Wünsche und Bedürfnisse, sondern übe dich in Empathie, der Einfühlung in seine Situation.

Beschränke dich dabei nicht auf die schwierigen Momente, sondern gönne dir auch, die glücklichen Momente bewusst wahrzunehmen und bis in die letzte Faser deines Körpers zu spüren. Tränke deinen ganzen Alltag immer mehr mit Bewusstheit. Es wird dir mit der Zeit immer leichter fallen. Egal was passiert, bevor du reagierst, tauche spürend ein in die jeweilige Situation und die damit verbundenen Gefühle, zunächst ohne etwas verändern oder auch nur verstehen zu wollen.

Lass Bewusstheit in alles fließen, was du denkst, sagst und tust.

Zwischen dir und deinem Partner bahnt sich ein Streit an? Du hast Angst davor? Bist wütend? Versuche nicht, diese Situation mit den damit verbundenen unangenehmen Gefühlen wegzuschieben oder möglichst schnell zu beenden. Handle vor allem nicht aus Gefühlen von Ärger und Wut heraus – das würde das Problem nur verschärfen. Mach dir stattdessen bewusst: Das ist jetzt die Realität. Und spüre mutig, was geschieht. Schon allein die Akzeptanz, die im

Spüren liegt, entspannt die Situation. Und je intensiver du spürst, desto mehr kommt in der Tiefe etwas in Bewegung. Du fühlst dich verbunden und es wird eine Kraft in dir aktiviert, die dir beim heilsamen Umgang mit der Situation eine große Hilfe ist. Bewusstes Beobachten und bewusste Einfühlung in das, was in dir geschieht, lösen dich aus der Identifikation mit deinen Gedanken und Gefühlen. Diese werden erkannt als das, was sie sind: menschliche Gefühle und Gedanken. Auf diese Weise können sie weiterhin bestehen – werden also nicht verdrängt –, aber sie verlieren die Macht, dich zu vereinnahmen und dein Verhalten zu steuern.

Bewusstheit wirkt befreiend.

Erinnere dich immer wieder: Agiert der Verstand allein, speist er sich aus dem Gefühl von Trennung und Mangel, erlebst du dich als unvollkommen. Demzufolge versuchst du, Menschen und Situationen zu manipulieren, kontrollieren und in Besitz zu nehmen. Das bringt Schwierigkeiten und Dukkha hervor. Das Verstandesbewusstsein braucht darum immer die Verbindung mit dem Spürbewusstsein, das Akzeptanz und eine liebende Kraft in dir freisetzt. Ohne diese Verbindung können Beziehungen immer nur ein Abglanz ihrer Möglichkeiten sein.

Zweite Säule: Einfühlung

Auch die Verbundenheit mit einem anderen Menschen entsteht über die Ebene des Spürens, nicht über die Verstandesebene. *Einfühlung* in den anderen beginnt mit Einfühlung in dich selbst. Dich selbst spüren und akzeptieren zu können ist die Voraussetzung dafür, so auch mit deinem Partner oder auch anderen Menschen umzugehen.

Beginne die Praxis der Selbsteinfühlung mit dem Körper. Spüre, welche Reaktionen die Anwesenheit deines Partners in deinem Körper auslösen. Wie fühlt sich das Erleben einer bestimmten Situation auf der körperlichen Ebene an. Vielleicht spürst du Druck, Enge, Weite, Spannung oder Wärme. Verzichte bewusst auf Deutung des körperlichen Empfindens. Die Konzentration auf die Körperempfindungen befreit dich aus der Dominanz der Gedanken und hilft dir, alles zu akzeptieren, wie es gerade ist. Solange du achtsam in Verbindung mit deinem Körper bist, können dir deine Vorstellungen von Vergangenheit und Zukunft nichts anhaben. Ohne weiteres Zutun stellt sich innere Balance ein.

Achtsamkeit auf den Körper führt in die Gegenwart und befreit von der Dominanz der Gedanken.

Im nächsten Schritt praktizierst du Einfühlung mit deinen Gefühlen, Stimmungen und Bedürfnissen. Auch hier verliere dich nicht in Erklärungen und Deutungen. Es geht darum, einfühlsam und bejahend vertraut zu werden mit dem, was sich gerade in dir abspielt. Gedankliche Interpretationen schaffen Distanz, Einfühlung hingegen ermöglicht Nähe und ein Verständnis, das sich mehr intuitiv und weniger intellektuell vermittelt. Je vertrauter du mit deiner Innenwelt wirst, desto leichter wird es dir möglich sein, dich in deinen Partner, deine Partnerin einzufühlen. Kannst du seine Stimmung wahrnehmen? Kennst du ihre Hoffnungen und Ängste? Weißt du, was ihm jetzt gut tun würde?

Einfühlung in den anderen ermöglicht dir, Spannungen zwischen euch aufzulösen. Sehr hilfreich kann auch dabei die Methode der Gewaltfreien Kommunikation sein. Marshall Rosenberg betont darin, dass hinter jeder Verhaltensweise von Menschen Gefühle stehen und hinter jedem Gefühl ein Bedürfnis.

Ein Beispiel: Deine Partnerin möchte unbedingt das Wochenende mit dir verbringen. Du hast andere Pläne, aber sie lässt nicht locker. Schließlich kommt es zum Streit. Du wirfst ihr vor, dir nicht genügend Freiheit zu lassen. Sie kontert damit, dass du dich gar nicht wirklich für sie interessierst.

Du kannst dich nun fragen, welche Bedürfnisse eurem Verhalten jeweils zugrunde liegen. Warum ist ihr das gemeinsame Wochenende so wichtig? Am einfachsten findest du das heraus, indem du das positive Gegenteil des Vorwurfs formulierst. In diesem Fall sagt sie: »Du interessierst dich nicht für mich.« Ihr Bedürfnis ist also Interesse. Sie sagt außerdem, du würdest nicht genug Zeit mit dir verbringen. Das bedeutet, dass sie mit dir zusammen sein möchte, also ein Bedürfnis nach Nähe hat.

Bei dir selbst kannst du genauso verfahren: Du wünschst dir Zeit für dich und die Möglichkeit, selbst zu entscheiden, wann du Zeit mit ihr verbringen möchtest – also Autonomie.

Mit Vorwürfen umzugehen ist sehr schwierig, Bedürfnisse hingegen können wir meist verstehen. Die meisten kennen wir aus eigenem Erleben. Es gibt also die Möglichkeit, auch im Dissens in Verbindung zu bleiben und den anderen mit seinen Bedürfnissen zu achten. Vielleicht findet sich eine Lösung, sowohl deine als auch ihre Bedürfnisse zu beachten, ohne darüber in Streit zu geraten?

Frage dich also immer wieder, welche Bedürfnisse dem Verhalten deines Partners zugrunde liegen. Kannst du erkennen, dass er sich – wie du – nach Glück und Liebe sehnt?

Die dritte Säule: Wertschätzung

Eine Haltung der Wertschätzung bedeutet, dass wir unserer Partnerin mit liebevollem Interesse und Anerkennung entgegentreten, sie unterstützen, so gut wir können und Dankbarkeit zeigen. Es ist wichtig anzuerkennen, dass sie sich von uns unterscheidet: Deine Welt ist anders als meine. Du bist anders, weil deinem Leben andere Bedingungen zugrundeliegen als meinem. Du hast andere Erfahrungen gemacht. Deine Wahrnehmung ist eine andere als meine. Es geht nicht darum, die Wahrnehmung des anderen zu verändern, sondern sich im Dialog zu begegnen und offen zu bleiben für die jeweiligen Wünsche und Bedürfnisse.

> Mehr auf das Unvollkommene zu schauen als auf das Gute ist eine der unheilvollsten Gewohnheiten des Geistes.

Wertschätzung bedeutet auch, bewusst wahrzunehmen und zum Ausdruck zu bringen, was der andere uns bedeutet. Viele Menschen schauen aus Gewohnheit mehr auf das Unvollkommene als auf das Gute. Momente, in denen wir unerfüllt geblieben sind, bleiben oft lange im Gedächtnis und prägen das Bild unserer Beziehung in hohem Maße.

Auch in der Gegenwart neigen wir dazu, das Negative zu betonen und das Positive zu übersehen.

Wertschätzung bringt Freude in deine Beziehung und hilft, Spannungen zu lösen. Es braucht dafür zunächst immer wieder einen bewussten Entschluss. Wertschätzung kannst du auf viele verschiedene Arten zum Ausdruck bringen, zum Beispiel durch liebe Worte, Blumen, kleine Geschenke. Du kannst deine Partnerin einladen, Zeit mit dir zu verbringen oder ihr morgens einen Kaffee oder Tee ans Bett bringen. Und wer freut sich nicht, wenn der oder die Liebste sagt: »Schön, dass wir diesen Abend miteinander verbringen konnten!«

Wertschätzung verbindet und bringt Freude.

Wenn du auf das Positive in der anderen schaust und ihr deine Wertschätzung auch zeigst, geht dieses Positive in Resonanz und die andere kann ihrerseits aus positiven Geisteshaltungen wie Liebe, Mitgefühl und Mitfreude handeln. Wertschätzung zu zeigen ist somit selbst ein Ausdruck von Mitgefühl, denn du unterstützt damit sowohl deine Partnerin als auch dich selbst.

Immer wieder erlebe ich Beziehungen, in denen Menschen sich gegenseitig als Klagemauer benutzen. Schwierigkeiten mit dem Chef, Frust mit Ämtern, lange Wartezeiten beim Arztbesuch, Fehlverhalten von Freundinnen und Bekannten – alles, was tagsüber für Frust gesorgt hat, wird abends dem Partner aufgetischt. Erst wird ordentlich Dampf abgelassen, und dann geht's ab vor den Fernseher oder ins Bett.

Wertschätzung bedeutet nicht zuletzt, dass wir den Menschen an unserer Seite auch an den positiven Geschehnissen unseres Lebens teilhaben lassen. Erfreuliche Begegnungen, Erfolge im Beruf, gute Nachrichten von Freunden und Bekannten – über all das kann man sich gemeinsam freuen und damit die Verbindung stärken. Mitfreude ist nach der Lehre des Buddha eine sehr förderliche Geisteshaltung. Wir sollten einander so oft wie möglich Gelegenheit dazu geben!

Das bedeutet natürlich nicht, dass wir Schwierigkeiten nicht mehr thematisieren sollten. Es ist aber wichtig, die Bedürfnisse des Partners im Blick zu behalten. Kann und möchte er uns gerade zuhören? Oder benutzen wir ihn, um unseren Frust bei ihm abzuladen? Und sprechen wir über unsere Schwierigkeiten so, dass wir hinterher besser damit umgehen können – oder verfestigen wir eher unseren Frust und ziehen unseren Partner mit hinein?

Sich für die Herzseite öffnen

Wenn Beziehungen scheitern, liegt das meist an zu wenig Nähe, zu wenig Interesse, zu wenig Gefühl. Verbindung geht verloren, wenn wir zu sehr den Ansprüchen unseres Egos verhaftet bleiben und uns infolgedessen nicht mehr für den anderen öffnen können. Gleich in seiner ersten Lehrrede hat der Buddha gelehrt: Schwierigkeiten entstehen immer dann, wenn wir etwas haben wollen oder loswerden wollen – und darauf beharren. Damit gehen wir in Widerstand zur Wirklichkeit so, wie sie gerade ist.

Das Habenwollen schlägt sich in Beziehungen nieder, indem wir anfangen, den Partner verändern und kontrollieren zu wollen, indem wir ihn vereinnahmen und an ihm kleben. Wir stellen Bedingungen: »Ich kann dich nur lieben, wenn du mich nicht verletzt.« – »Ich kann dich nur lieben, wenn du dich änderst.« – »Ich kann dich nur lieben, wenn du mich genauso zurückliebst.« – »Ich kann dich nur lieben, wenn du niemand anderen attraktiv findest.« – »Ich kann dich nur lieben, wenn du versprichst, mich nicht im Stich zu lassen.« Und so weiter.

Dem Loswerdenwollen begegnen wir, wenn wir unangenehmen Situationen ausweichen, die Auseinandersetzung über bestimmte Themen vermeiden, uns in Alkohol, das Fernsehprogramm oder Sexualität flüchten oder die Beziehung gleich ganz beenden. Aber auch sich einzurichten in einem immer gleichen abstumpfenden gemeinsamen Alltag dient oft der Vermeidung.

Kampf oder Flucht führen stets dazu, dass Konflikte bestehen bleiben und sich mit der Zeit verschärfen. Die Herausforderung besteht darin, sich immer wieder neu für die Herzseite zu öffnen. Versuche nicht, deinen Partner, deine Partnerin zu verändern. Stell keine Bedingungen. Lauf nicht gleich weg. Sondern übe gerade in schwierigen Situationen Bewusstheit, Einfühlung und Wertschätzung.

Weder durch Kampf noch durch Flucht löst du Probleme.

Erwarte nicht, dass alle Schwierigkeiten sich sofort auflösen, sondern nähre diese Energie, so gut es dir möglich ist. Damit legst du die Grundlage für wirkliche Veränderung. Natürlich werden dich Beziehungen ganz sicher immer wieder an deine Grenzen bringen. Aber sie können dir auch die Energie liefern, diese Grenzen zu überschreiten, und damit ermöglichen sie eine gemeinsame Entwicklung.

Irgendwann wirst du dann vielleicht zusammen mit deinem Partner oder deiner Partnerin aufwachen und feststellen: So schön hatten wir es uns gar nicht vorgestellt.

5. Miteinander reden

In einem bekannten Sketch von Loriot verstricken sich ein Mann und eine Frau in Vorwürfen und Forderungen, bis sie am Ende zu dem Schluss kommen: Männer und Frauen passen einfach nicht zusammen. »Stimmt!«, dachte ich, als ich diesen Sketch zum ersten Mal sah und hatte dabei meine eigenen schwierigen Beziehungsgespräche vor Augen. Aber dann habe ich meine Auffassung revidiert.

Als Menschen unterliegen wir alle den gleichen Bedingungen: Unser Leben ist vergänglich, wir altern, werden krank und irgendwann werden wir sterben beziehungsweise diesen Körper verlassen – und wir haben Schwierigkeiten, dies zu akzeptieren. Zugleich haben wir alle die gleichen Grundbedürfnisse: Wir wünschen uns Sicherheit, Akzeptanz, Nähe, Verbindung, Einfühlung und menschliche Wärme.

Je weiter wir in der spirituellen Praxis fortschreiten, desto klarer wird uns, dass wir alle miteinander verbunden sind. Die Vorstellung, dass wir als voneinander getrennte, vereinzelte Wesen auf diesem Planeten umherwandeln, ist eine Illusion. Wir sind zwar einerseits verschieden in unseren Veranlagungen und Prägungen, ähneln uns aber zugleich sehr, denn wir sind letztlich eins wie zwei Seiten einer Münze. Dieses Wissen eint fast alle Religionen und spirituellen Richtungen. Sie fordern uns auf: Erkenne im anderen deinen Bruder, deine Schwester, dich selbst.

Im Alltag vergessen wir allerdings immer wieder, dass wir in der Tiefe einander gleichen; wir entzweien uns. In unserem Beziehungsalltag erleben wir daher eine Schwierigkeit nach der anderen. Manchmal fragst du dich vielleicht, warum ausgerechnet mit dem Menschen, den du am meisten liebst, die schwierigsten Konflikte entstehen. Immer wieder misslingt Kommunikation, immer wieder werden wir, wie es in der Gewaltfreien Kommunikation heißt, von Gesprächspartnern zu Gesprächsgegnern.

Wie zwei Seiten einer Münze sind wir sowohl verschieden als auch eins.

Manche Paare kommunizieren überdies nur sehr wenig. Sie wissen dann wenig über den anderen und wollen vielleicht auch nichts von ihm wissen. Oft wird Kommunikation durch andere Aktivitäten wie wahlloses gemeinsames Fernsehen ersetzt. In gewisser Weise kommunizieren wir auf diese Weise ebenfalls: Wir teilen mit, dass wir weder etwas mitteilen noch etwas hören wollen. Die vormals Liebenden entfernen sich voneinander, auch wenn sie vielleicht äußerlich noch zusammenleben.

Aber auch wenn wir Gespräche führen, verbinden wir uns manchmal nur sehr oberflächlich miteinander, so zum Beispiel, indem wir Klatsch und Tratsch teilen oder über andere herziehen.

Ein wesentlicher Grund für Schwierigkeiten in Beziehungen liegt darin, dass wir heilsame Kommunikation vernachlässigen. Die gute Nachricht lautet: Wir können wieder zueinanderfinden, wenn wir bewusst und achtsam kommunizieren. Dazu gehört auf der einen Seite die Praxis der Rechten Rede, auf der anderen das einfühlsame Zuhören.

Kommunikation heißt Verbindung

Das Wort Kommunikation kommt aus dem Lateinischen: *communicare* bedeutet verbinden. Und genau das ist das Geheimnis heilsamer Kommunikation: Sie dient der Verbindung.

Größere Schwierigkeiten entstehen immer dann, wenn wir nicht auf Verbindung ausgerichtet sind, sondern wenn wir versuchen, unsere persönlichen Interessen durchzusetzen. Das Ego übernimmt in unserer Wahrnehmung die Regie, bringt Erwartungen hervor und beurteilt den Partner. So entstehen Hinneigung und Abneigung. Beide Haltungen begrenzen uns und unsere Beziehung. Wir nehmen vor allem den Ausschnitt der Realität wahr, der unseren Wünschen entspricht oder widerspricht. Wenn unsere Kommunikation auf egoistische Ziele ausgerichtet ist, wird unser Partner als Mensch hinter unseren Urteilen und Forderungen unsichtbar. Seine Bedürfnisse sind uns in diesem Moment egal. Deswegen sprechen wir nicht mehr achtsam und hören oft kaum noch zu.

Sehr deutlich wird dieser Mechanismus in der Sexualität. Wenn jemand ein klares Drehbuch im Kopf hat, wie genau das Liebesspiel ablaufen soll – wie soll da ein gemeinsamer Tanz entstehen? Wie kann der eine die andere da noch erkennen und lieben? (Oder der eine den anderen, die eine die andere – die sexuelle Orientierung spielt in diesem Zusammenhang keine Rolle.)

Wenn Menschen versuchen, sich gegenseitig zur Erfüllung ihrer Bedürfnisse zu benutzen, bleiben sie dabei einsam. Umgekehrt gründet jeder erfüllende Moment in einer Beziehung auf Beachtung und echter Berührung. Kurz: Unsere alltägliche Kommunikation besteht oft darin, dass wir urteilen und trennen. Heilsame Kommunikation ist darauf ausgerichtet, zu verstehen und zu lieben.

> Nicht beurteilen und trennen, sondern verstehen und lieben.

Durch Würdigung in Verbindung treten

In der Achtsamkeit liegt alles, was wir brauchen, um den anderen zu würdigen: Liebevolle Beachtung, Berührung und Akzeptanz. Dies sind die Pfeiler, auf denen Kommunikation ruht. Wenn ein Gesprächspartner uns wirklich seine volle Aufmerksamkeit schenkt, sich von unseren Worten berühren lässt und uns akzeptiert, wie wir sind, spüren wir Verbundenheit und erleben das Gespräch als erfüllend. Ebenso erfüllend ist es, selbst mit dieser Haltung anderen Menschen gegenüberzutreten.

Umgekehrt haben wir alle schon Gespräche erlebt, in denen es dem anderen oder uns selbst nur darum ging, sich selbst darzustellen oder bestimmte Interessen durchzudrücken. Nach solchen Situationen fühlen wir uns oft leer, unausgeglichen und verärgert.

Der jüdische Religionsphilosoph Martin Buber hat drei Bedingungen formuliert, die Kommunikation zur spirituellen Praxis werden lassen:

- Der Sprechende sagt ja zu seinem Gegenüber.
- Der Sprechende will sein Gegenüber nicht beeindrucken.
- Der Sprechende strebt eine lebendige Gegenseitigkeit an.

In allen drei Punkten geht es darum, dass wir nicht unsere eigenen Interessen in den Mittelpunkt stellen dürfen, wenn wir Verbindung ermöglichen wollen. Die Regeln lassen sich in einem Satz zusammenfassen: Gute Kommunikation braucht Wertschätzung, Ehrlichkeit und Interesse.

Gute Kommunikation braucht Wertschätzung, Ehrlichkeit und Interesse.

Blockaden der Kommunikation

Auch das Gegenteil gilt: Kommunikation misslingt aufgrund von Beurteilung, Unehrlichkeit und Desinteresse. Blockaden entstehen immer dann, wenn wir Erwartungshaltungen hegen, daran festhalten und den Verlauf der Kommunikation daran messen.

Ich möchte das anhand eines persönlichen Beispiels veranschaulichen: Als mein Vater alt geworden war, besuchte ich ihn häufiger in dem nordhessischen Dorf, in dem ich großgeworden bin und wo er immer noch lebte. Ich musste 500 Kilometer fahren und verband damit die Erwartungshaltung, dass mein Vater mein Bemühen honorieren müsse, indem er mir zuhören würde. Stattdessen erzählte er mir stundenlang vom Geschehen im Dorf, von Leuten, die ich nicht einmal kannte. Ich ächzte, kämpfte und revoltierte innerlich. Irgendwann wurde mir klar: Entweder ich ändere meine Haltung, oder es wird mir schwerfallen, ihn weiter zu besuchen.

Ich habe mich damals entschieden, ihm fortan meine Zeit zu schenken und *ihm* zu überlassen, wie er sie nutzt. Ich ließ also sehr bewusst meine Erwartungshaltung fallen. Darauf folgte eine überraschende Wendung: Wir begegneten einander in viel größerer Offenheit und Lebendigkeit. Wir konnten uns gegenseitig wieder wahrnehmen, und ich begrenzte ihn nicht mehr auf meine Vorstellungen und Bilder von ihm. Veränderung wurde möglich, indem ich sie nicht mehr erwartete, denn Erwartungen fixieren uns und nehmen die Freiheit zur Kommunikation.

Schau dir einmal Menschen an, die relativ leicht durchs Leben zu gehen scheinen. Das sind Menschen, die immer wieder bereit sind, fixierende Haltungen – Urteile und Erwartungen – fallen zu lassen und sich zu öffnen für die Realität und für andere Menschen.

Und noch etwas können wir aus dieser Geschichte lernen: Wenn Kommunikation festgefahren ist, ist es wichtig, dass einer den Neuanfang macht!

Bei sich selbst beginnen

Die Voraussetzung heilsamer Kommunikation sind immer Beachtung und Einfühlung. Es beginnt – wie alles in der Buddha-Lehre – mit der Achtsamkeit dir selbst gegenüber. Wie willst du deinen Partner verstehen, wenn du dich selbst nicht verstehen kannst? Du praktizierst also Selbstbeobachtung und Selbsteinfühlung und verzichtest dabei zunächst auf Deutungen und Veränderungswünsche. Beobachte so genau wie möglich, welche körperlichen Empfindungen, welche Gedanken, welche Emotionen und welche Reaktionstendenzen in dir aktiv sind.

Schau auch, welche Persönlichkeitsanteile sich in dir zu Wort melden. Persönlichkeitsanteile nenne ich verinnerlichte Rollen und damit verknüpfte Gefühls- und Handlungsmuster, die aktiv werden, wenn etwas Bestimmtes geschieht oder jemand die entsprechenden Knöpfe drückt.

Nimm an, du streitest dich mit deinem Partner. In diesem Moment gibt es vielleicht in dir das Kind, das ausgeschimpft wird und sich hilflos fühlt, den Chauvi, der sich nichts sagen lässt und seine Interessen durchdrücken will, den Buddhisten, der die Situation zu beruhigen versucht, den Vater, der sich vor den Kindern schämt, und so weiter. Alle diese Persönlichkeitsanteile gehören zu dir, aber natürlich bist du sehr viel mehr als jeder einzelne von ihnen und auch mehr als ihre Summe

Untersuche, wie die aktiven Persönlichkeitsanteile jeweils agieren. Sie äußern sich vielleicht, indem du dich im Streit duckst und zurückziehen möchtest, indem du auftrumpfst und laut wirst, indem du dich verständnisvoll für die Gefühle deiner Partnerin zeigst, indem du vorschlägst, das Problem später unter vier Augen zu besprechen. Du kannst deine Persönlichkeitsanteile auch direkt ansprechen: »Warum hast du Angst?«, »Was möchtest du beschützen?«, »Was würde dir helfen?«

Begegne der Vielfalt deiner inneren Anteile mit Wertschätzung.

Es geht darum herauszufinden, welche Bedürfnisse jeweils hinter den Persönlichkeitsanteilen stehen. Wenn du deinen Partner unterbrichst, wenn du laut wirst, wenn du widersprichst, wenn du schweigst – was möchtest du dann jeweils letztlich erreichen? Anders formuliert: Worauf kann euer Streit dich hinweisen?

Als Nächstes kannst du dich fragen, ob dein Verhalten zum gewünschten Ergebnis führen kann. Wirst du Verbindung und Verständnis erreichen, wenn du laut wirst, trotzig schweigst, kritische Äußerungen deiner Partnerin scheinbar ungerührt vom Tisch wischst?

Mach dir auch bewusst: All die Persönlichkeitsanteile, die dir einreden wollen, dass mit dir etwas nicht stimmt, helfen dir nicht. »Dafür bist du zu klein!«, sagt die Mutter. »Du kriegst das nicht hin«, sagt der Vater. »Du hast kein Talent für sowas«, erklärt der Lehrer. Und so weiter. Alles nicht wahr. Alles nur verinnerlichte Stimmen aus deiner Lebensgeschichte, vergängliche Muster des Fühlens, Denkens und Handelns. Schau auf dein Potenzial, rät dir der Buddha, es ist unermesslich.

Das innere Haus bewohnen

Verurteile dich aber bitte nicht für diese Stimmen in dir. Sie alle gehören zu dir und wollen gehört werden. Aber bestimmen lassen musst du dich nicht von ihnen.

Du kannst dir dich selbst als ein großes Haus vorstellen. Es hat viele Räume, und viele Persönlichkeitsanteile wohnen darin. Mach dich vertraut mit dem Haus und allen, die darin wohnen. Beziehe alle Stockwerke, lass den Keller nicht aus und deklariere nichts zur Schmuddelecke. Es gibt keine Schmuddelecken! Dieses Haus will zur Gänze bewohnt werden. Mach es zu einem Hort der Geborgenheit.

Wenn du in deinem Haus zu Hause bist, mit dir vertraut bist, wirst du auch dem anderen erlauben können, sein Haus zu beziehen. Du signalisierst ihm: Du bist okay, wie du bist. Er kann sich sozusagen die Pantoffeln anziehen, statt Fassaden hochzuziehen, statt etwas vorgeben zu müssen, wer er sei oder was er könne. Durch deine Verbindung nach innen wird offene Kommunikation im Außen erleichtert, kann fließen. Ihr werdet euch erleichtert fühlen.

Vertrautheit mit dir selbst ermöglicht Vertrautheit mit anderen.

Die Kunst des Zuhörens

Auf dieser Basis wird achtsames, einfühlsames Zuhören möglich. Die Tugend des Zuhörens hat in unserer hektischen Zeit Schaden genommen. »Ruf später noch mal an!«, »Sprich mir auf die Mailbox«, »Schreib mir doch bitte eine Mail«, sagen wir und nehmen dabei manchmal gar nicht wahr, dass der andere gerade nicht nur Fakten mitteilen wollte, sondern Verbindung suchte.

Oberflächliche Kommunikation ist in den letzten Jahren förmlich explodiert. Ich möchte nicht pauschal gegen neue Kommunikationsmittel sprechen; sie sind in vielerlei Hinsicht sehr hilfreich. Ich habe aber oft den Eindruck, dass die Menschen einander immer weniger Gehör schenken. Während der eine spricht, überlegt sich die andere schon, was sie selbst gleich sagen möchte und umgekehrt. Diese Ignoranz ist für mich eine Form von Gewalt.

Auf die Spitze getrieben, erleben wir den Mangel am Zuhören in Fernsehinterviews am Wahlabend. Der Journalist – er vertritt Millionen Menschen vor den Fernsehern – stellt eine Frage, und der Befragte schert sich einfach nicht darum. Er bedankt sich bei seinen Wählern, erklärt, wie erfolgreich seine Partei bei der Wahl gewesen ist und spult einen Monolog ab. Er funktionalisiert den Fragesteller und die Zuschauer für seine Interessen.

Die meisten Talkshows sind ein Ort der Nicht-Kommunikation geworden. Einer holt Luft, der andere stößt in die Lücke. Oft reden mehrere gleichzeitig, völlig ungeachtet der Tatsache, dass dann niemand mehr zu verstehen ist. Niemand möchte zuhören, niemand möchte sich mit dem auseinandersetzen, was der andere sagt. Es geht darum, den eigenen Sermon loszuwerden und damit zu punkten.

Wir müssen achtgeben, dass wir uns in unserer privaten Kommunikation nicht ähnlich verhalten.

Im Zuhören kann Neues entstehen

Einfühlsames Zuhören ist inspirierend. Es bildet einen Raum, in dem wir einander begegnen und in dem neue Gedanken entstehen können. Das Gegenüber fühlt sich wahrgenommen und gewürdigt, unser Zuhören erlaubt ihm, mit den eigenen Ressourcen in Verbindung zu treten.

Einfühlsames Zuhören öffnet Räume und würdigt den anderen.

Nie hat es jemand besser beschrieben als Michael Ende in *Momo*[8]: »Was die kleine Momo wie kein zweiter konnte, das war zuhören. Momo konnte so zuhören, dass dummen Leuten plötzlich sehr gescheite Gedanken kamen. Nicht etwa, weil sie etwas sagte oder fragte, was den anderen auf solche Gedanken brachte. Nein, sie saß nur da mit aller Aufmerksamkeit und Anteilnahme. Dabei schaute sie den anderen mit ihren großen dunklen Augen an, und der Betreffende fühlte, wie in ihm auf einmal Gedanken auftauchten, von denen er nie gedacht hätte, dass sie in ihm steckten. Sie konnte so zuhören, dass ratlose und unentschlossene Leute auf einmal ganz genau wussten, was sie wollten, oder Schüchterne sich plötzlich mutig und frei fühlten oder dass Unglückliche und Bedrückte zuversichtlich und froh wurden. So konnte Momo zuhören.«

Um wie Momo zuzuhören, braucht es die Bereitschaft, dein Gegenüber nicht unter dem Gesichtspunkt bereits bestehender Konzepte von ihm zu betrachten, ihm nicht die Bilder, die du von ihm hast, überzustülpen, nicht die

8   Michael Ende, *Momo oder Die seltsame Geschichte von den Zeit-Dieben und von dem Kind, das den Menschen die gestohlene Zeit zurückbrachte,* Thienemann Verlag

eigenen Interessen, Gefühle und Gedanken in den Vordergrund zu stellen. Es braucht die Bereitschaft, dich auf das frische Erleben des jetzigen Moments einzulassen.

Immer wieder kannst du dich während eines Gespräches fragen: Stecke ich den anderen Menschen eigentlich gerade in eine Schublade?

Zuhören mit dem Dritten Ohr

Einfühlsames Zuhören kann auch durch Nachfragen zum Ausdruck kommen: »Ich habe verstanden, dass du …« oder »Bei dir ist gerade ziemlich viel los, oder?« oder »Wie kommst du damit zurecht?«

Auch indem du deine Gefühle zum Ausdruck bringst, spiegelst du, was du gehört hast, signalisierst damit Interesse und Verbundenheit: »Mir wird ganz mulmig, wenn ich das höre.«, »Was für ein Glück!«, »Oh nein, und was tust du jetzt?« Oder du reagierst wortlos, nimmst den Menschen dir gegenüber einfach in die Arme, nickst mitfühlend oder machst ihm einen Tee.

Einfühlsames Zuhören bedeutet, nicht nur mit den Ohren zu hören. Das Dritte Ohr ist deine ungeteilte Aufmerksamkeit, deine Empfänglichkeit auf allen Sinneskanälen. Du hörst nicht nur, was die andere verbal sagt, sondern hörst in ihrer Stimme auch die Stimmung, nimmst ihre Mimik, Gestik und Körperhaltung wahr. Was kommt zum Ausdruck? Und passen die verschiedenen Signale zusammen, oder spürst du Unstimmigkeiten? Wenn jemand mit dünner Stimme sagt, er komme gut zurecht, was schließt du daraus? Einfühlsames Zuhören gibt all diesen Aspekten Raum.

Frage dich auch, was du selbst ausstrahlst. Vielen Menschen ist nicht bewusst, welche Botschaften sie senden. Das verbal Gesagte macht dabei nach Erkenntnissen der Kommunikationswissenschaft nur 10 Prozent aus. 90 Prozent transportieren Sprechmelodie, Sprachrhythmus, Stimmlage, Körperhaltung, Mimik und Gestik. Signalisierst du, dass du zuhörst, oder bist du gedanklich schon einen Schritt weiter? Hast du vielleicht das Telefon in der Hand, um einen Anruf zu tätigen, oder wippst nervös mit dem Fuß? Nur wenn du dich dem anderen Menschen wirklich zuwendest, kann deine Präsenz offen und beruhigend wirken.

Fixierungen bewusst wahrnehmen

Richte die Achtsamkeit immer wieder auch darauf aus, wie du innerlich auf die Signale deines Gegenübers reagierst. Der Buddha hat die Bewusstheit mit der verantwortungsvollen Tätigkeit eines Torwächters verglichen, der gut aufpasst, wer hereinkommt und was die Gäste im Inneren auslösen. Davon wird schließlich auch abhängen, was du antwortest.

Ist, was du wahrnimmst, angenehm oder unangenehm? Heißt du gut, was du hörst, oder missbilligst du es? Hörst du aufmerksam zu oder interessiert es dich eigentlich nicht? Worauf ist deine Wahrnehmung ausgerichtet, was fällt unter den Tisch? Und wie möchtest du reagieren?

Schau genau, welche Antworten sich in dir formen. Haben sie einen trennenden oder einen verbindenden Charakter? Sind sie ausgrenzend oder einfühlsam? Signalisieren sie Erwartungen oder Verständnis?

Das Ego reagiert auf Wahrgenommenes stets mit Hinneigung oder Abneigung und verengt und fixiert damit die Wahrnehmung auf die für dich gerade angenehmen oder unangenehmen Aspekte, bewertet durch deine persönlichen Meinungen. Auf diese Weise urteilend, kannst du den anderen nicht verstehen, kannst dich nicht einfühlen.

Fixierungen erzeugen leicht Starre und Enge.

Fixierungen grenzen aus, sind starr, machen dich und den anderen unflexibel. Du bist dann nicht mehr im Einklang mit dem Lebendigen, das immer komplex und in Bewegung ist. So erzeugen Urteile leicht eine gewisse Starre und Enge.

Schwierigkeiten in der Kommunikation verschärfen sich, wenn du davon ausgehst, dass alle Menschen von den gleichen Wahrnehmungs- und Bewertungsrastern ausgehen wie du. Unsere Auffassungen und Meinungen entstehen im Laufe unserer Biografie durch unsere Erziehung und unsere Erfahrungen, zum Beispiel in vorherigen Beziehungen, sowie durch unsere Auseinandersetzung mit dem, was uns begegnet. Dementsprechend können zwei Menschen nie genau dieselbe Wahrnehmung haben. Bist du dir dessen bewusst, wird deine Kommunikation offener. Die Raster des anderen bewertest du weniger. Verständnis, Mitgefühl und Mitfreude bekommen eine Chance.

Wenn wir in unserer Beziehung verstanden haben, dass bestimmte Verhaltensweisen unseres Partners, die wir für »unmöglich« gehalten haben, einfach einer anderen Wahrnehmung und anderen Erfahrungen entsprechen, haben wir das Gröbste hinter uns.

Fixierungen in der Sprache entdecken

Leicht formt Sprache immer neue Fixierungen, ohne dass wir uns dessen bewusst sind. Zuerst erfassen die Sinne etwas, dann die Gedanken. Damit wird es gleichsam festgehalten. Wie das Wort »Begriff« schon signalisiert, die Sprache macht etwas greifbar und begreifbar, schon bevor du dich äußerst. Das ist im Alltag notwendig, aber im selben Moment gerät unser begriffliches Denken in ein Spannungsverhältnis zu seinem Objekt. Es fasst nur einen Teil, einen bestimmten Aspekt der Wirklichkeit und blendet anderes aus. Du denkst zum Beispiel, dass dein Partner unzuverlässig ist, weil er häufig zu spät zu Verabredungen kommt. Der Mensch in seiner Komplexität verschwindet hinter diesem Etikett. Warum er sich oft verspätet, fragst du nicht, und dass er in einer Notsituation bedingungslos an deiner Seite stehen würde, bleibt dir verborgen. Wäre es dir in diesem Moment bewusst, würdest du das Wort »unzuverlässig« wahrscheinlich nicht mehr als treffend ansehen, denn es ist viel zu eng.

Begriffe versuchen festzuhalten, was sich nicht festhalten lässt.

Zudem friert begriffliches Denken unsere Wahrnehmung ein, macht eine Momentaufnahme, während die

Realität immer in Bewegung ist. So ist zum Beispiel kein Mensch derselbe, der er vor ein paar Jahren war. Selbst von Moment zu Moment finden Veränderungen statt. Dieser fließenden Qualität wird Sprache meistens nicht gerecht.

Wenn du allem mit liebevoller Bewusstheit begegnest, kann nichts zur Fixierung werden. Du erlebst Wärme und Güte, Inspiration und Kraft. Auch dein Gesprächspartner ist in diesem Moment frei von deinen Erwartungshaltungen. Durch offenes Zuhören schaffst du eine entspannte Atmosphäre. Es ist wie ein inneres Mitfließen. Der Fluss bewertet nicht, der Fluss fließt. Dieses direkte Erfahren dessen, was im Moment geschieht, wird dir eine freudige Kraft schenken.

Auf einer höheren Ebene wird deine Bewusstheit dazu führen, dass du deine Fixierungen als vergängliche Verdichtungen in deinem Geist erkennst, die dir nichts anhaben können und denen du nicht folgen musst; sie sind vergleichbar mit Wolken am Himmel, die vorbeiziehen, ohne ihn beschmutzen zu können.

Die Kunst der Rechten Rede

Es ist wichtig, sich darüber im Klaren zu sein, dass wir durch die Wahl unserer Worte Schwierigkeiten vergrößern, tief verletzen, Beziehungen beschädigen und zerstören können. Auf der anderen Seite können wir durch unsere Äußerungen Verbindung nähren, Menschen ermutigen, Liebe schenken, Frieden stiften.

Worte können verletzen und trennen, aber auch ermutigen und verbinden.

Weil die Art, wie wir sprechen, so wichtig ist, hat der Buddha dafür eine eigene Tugendregel, die der Rechten Rede, geschaffen. Die Tugendregeln, Silas, bilden, wie in diesem Buch hoffentlich immer wieder deutlich wird, ein stabiles Fundament unseres Alltagslebens und unserer buddhistischen Praxis, denn sie schützen vor Schwierigkeiten und Verwicklungen. In einem Satz zusammengefasst lauten sie: Tue dir und anderen Gutes, vermeide alles, was dir und anderen schadet oder sie verletzt. Oder auch ganz simpel: Was du nicht willst, das man dir tu, das füge keinem andern zu. Die Regeln sind dabei nicht als Gebote, sondern als Absichtserklärungen formuliert. Es ist nicht möglich, sie von vornherein stets einzuhalten. Wenn wir die Tugendregeln in unserem Alltag als Leitstern nehmen, können wir aber mit der Zeit immer häufiger so handeln, dass wie Harmonie, Verständnis und Freude bei uns und anderen fördern. Die Bedeutung der Silas lässt sich kaum genug betonen. Der Buddha lehrt: Eine Beziehung, in der beide die Silas praktizieren, ist unzerstörbar.

Die Tugendregel der Rechten Rede in Bezug auf Beziehungen formuliere ich so: »Ich will mich darin üben, nicht unwahr oder grob zu dir zu sprechen oder schlecht über dich zu reden. Ich will ehrlich, versöhnlich und heilsam zu dir sprechen.«[9]

9   Die Tugendregeln für Paare findest du auf Seite 193.

Nach den Ausführungen des Buddha sind für die Rechte Rede drei Voraussetzungen notwendig:

1. Rechte Anschauung. Wir müssen wissen, dass es hilfreich ist, uns auf Verbundenheit auszurichten.
2. Selbstbeobachtung und Selbsteinfühlung. Ohne zu wissen, was in uns selbst vorgeht, können wir uns nicht bewusst äußern, sondern werden unbewusst von unseren Gefühlen und Emotionen gesteuert.
3. Tatkraft. Inneren Impulsen, die zu Schwierigkeiten führen würden, müssen wir entgegentreten. Wir entscheiden uns aktiv für einfühlsames Zuhören und liebevolles Sprechen.

Die Rechte Rede entfaltet sich dann in drei Stufen. Auf der ersten Stufe achten wir darauf, anderen durch unsere Worte keinen Schaden zuzufügen. Die zweite Stufe bedeutet, bewusst Fürsorge für alle Wesen hervorzubringen – als Ausdruck der Achtung und Wertschätzung allen Lebens und unseres Engagements für die Wahrheit. Auf der dritten Stufe ist Rechte Rede schließlich frei von jeder Selbstbezogenheit, von jedem trennenden Gedanken. Sie ist dann Ausdruck reiner Liebe, reiner Verbundenheit.

Konkret bedeutet dies, dass wir auf der ersten Stufe »Unreinheiten« aus unserer Sprache entfernen, also alles, was den anderen herabwürdigt und damit auch die Verbindung beschädigen oder unmöglich machen würde. Häufige Unreinheiten in der Sprache sind zum Beispiel Lügen, Gerüchte, Verleumdungen, harsche Rede und leeres Geschwätz, außerdem Vorwürfe, Schuldzuweisungen und Unterstellungen.

Auch vorschnelle Besserwisserei ist eine Unreinheit. Wenn du den anderen belehrst, ohne vorher richtig zuge-

Bevor du Ratschläge erteilst, kümmere dich um eine einfühlsame Verbindung.

hört zu haben, kann keine Verbundenheit entstehen. Verbundenheit entsteht über Einfühlung, nicht über schlaue Ratschläge, mit denen sich zudem oft unser Ego in Szene setzen möchte.

Einfühlsames Sprechen zielt auf Verbundenheit

Einfühlsames Sprechen zielt generell weniger auf Ergebnisse ab als auf Verbundenheit, weniger auf Lösungen als auf Beistand. Ohne dass eine Verbindung entsteht, werden auch Ratschläge und Bitten den anderen nicht erreichen.

Wenn zum Beispiel ein dir nahe stehender Mensch dich in einer schweren Lage anruft, dann möchte er in der Regel keinen Katalog an Ratschlägen. Er fühlt sich vermutlich einsam und hilflos und sehnt sich zuallererst nach jemandem, der sich ihm offen zuwendet.

Kommunikation hat immer Auswirkungen

Die Kunst der Kommunikation basiert vor allem darauf, sich der Kommunikation stets bewusst zu sein, denn wir senden immer Signale aus. »Man kann nicht nicht kommunizieren«, sagt der berühmte Kommunikationswissenschaftler Paul Watzlawick. Sei dir bewusst, dass nicht nur Worte eine Wirkung auf dein Gegenüber haben, sondern auch deine Körpersprache, dein Tonfall, deine Mimik und Gestik.

Bewusste Kommunikation beginnt damit, dass du wahrnimmst, was gerade in deinem Geist aktiv ist. Welche Gefühle und Gedanken sind da und zu welchem Handeln wollen sie dich veranlassen? Der große buddhistische Meister Shantideva erklärte:

»Wann immer ich mich zu einer Bewegung oder zum Sprechen gedrängt fühle, werde ich zuvor meine Geistesverfassung erforschen und mit Festigkeit in der angemessenen Weise handeln. Wann immer mein Geist [an etwas] haftet oder zornig wird, werde ich nicht reagieren und nicht sprechen. Ich werde still und unbewegt bleiben wie ein Baum.«

Im nächsten Schritt entwickle Bewusstheit dafür, was deine Äußerungen möglicherweise beim anderen auslösen. Nimm möglichst genau wahr, wie du selbst auf andere reagierst. Es ist die Bewusstheit, die dich davor schützt, dich von deinen Reaktionen auf die Äußerungen anderer – Gefühle, Gedanken, Handlungsimpulse – besetzen zu lassen.

Um auf der zweiten Stufe der Rechten Rede eine fürsorgliche Haltung einzunehmen, übst du dich darin, dich in dein Gegenüber einzufühlen. Dabei bewertest du den anderen Menschen nicht, sondern versuchst zu erspüren, was ihn bewegt. Welche Gefühle sind gerade in ihm aktiv? Was steckt dahinter? Was braucht er? Und was kannst du ihm geben?

Achte sehr genau darauf, ob deine Wahrnehmung wirklich auf den anderen und auf Verbundenheit ausgerichtet ist oder ob du ihm stattdessen die Rolle zuschreibst, deine Bedürfnisse befriedigen zu sollen, und daran sein Verhalten misst. Im letzteren Fall wirst du ihn vermutlich beurteilen und damit Trennung hervorrufen.

Wenn dies geschieht, richte deine Achtsamkeit auf die Urteile. Ruf dir in Erinnerung, dass Urteile lediglich Erscheinungen im Geist sind, an die du nicht gebunden bist. Damit nimmst du den Urteilen ihre persönliche Dimension, so dass sie dich nicht mehr besetzen und dein Handeln nicht mehr steuern können.

Natürlich wird es im Alltag trotzdem immer wieder zu Unstimmigkeiten kommen. Dein Partner, deine Partnerin wird sich vielleicht selbst nicht an die Rechte Rede halten und dich verletzen. In solchen Momenten kann dir eine Erkenntnis aus der Gewaltfreien Kommunikation helfen, das Gesagte nicht zu persönlich zu nehmen: Menschen handeln grundsätzlich primär für sich und nicht gegen andere. Was der andere sagt, ist also in erster Linie eine Aussage über seine eigenen Gefühle und Bedürfnisse, nicht über dich.[10]

Manchmal ist es natürlich trotzdem notwendig, Kritik zu äußern. Das ist für die meisten Menschen schwierig. Wir alle haben Angst vor negativen Reaktionen, Angst davor,

10 Mehr Hilfestellungen zum Umgang mit schwierigen Situationen findest du im nächsten Kapitel, in dem es darum geht, wie du in Beziehungen Blockaden auflösen kannst.

zurückgewiesen zu werden. Und wir fürchten uns, im Gegenzug mit eigenen Fehlern konfrontiert zu werden.

Kritik lässt sich auf verschiedene Weise äußern. Sie kann hilfreich sein, wenn sie auf eine Verbesserung der Situation zum Wohle aller Beteiligten zielt, und sie kann Schwierigkeiten vergrößern, wenn Vorwürfe und Schuldzuweisungen im Vordergrund stehen. Bevor du etwas sagst, frage dich also, worauf dein Geist gerade ausgerichtet ist. Sprich nicht aus Wut oder Angst. Der Buddha empfiehlt uns allgemein, nur zu handeln, wenn Liebende Güte, Mitgefühl, Mitfreude oder Gleichmut in uns aktiv sind.

Das mag zunächst utopisch klingen, aber es gibt dir eine Idee, woran du dich orientieren kannst.

Wenn du dich fragst, ob du etwas sagen solltest, ist außerdem das Bild von den drei Sieben hilfreich: Durch das erste Sieb geht nur, was wahr ist, alles andere bleibt darin hängen. Durch das zweite Sieb passt nur, was du aus Güte sagst (wobei du nicht vergessen solltest, dich selbst in die Güte einzuschließen). Das dritte Sieb schließlich lässt nur hindurch, was notwendig ist. Hat das, was du sagen möchtest, alle drei Siebe passiert? Dann frage dich, wann der richtige Zeitpunkt ist, es zu sagen.

Als einfache Hilfestellung merke dir außerdem drei Worte, die der Kommunikation immer gut tun. Wenn du sie ehrlich meinst, wenn sie also authentisch sind, werden sie ihre Kraft entfalten. Diese drei Worte lauten: »Bitte«, »Danke« und »Es tut mir leid.«

Schweigen kann Verbundenheit schaffen

Verlang nicht zu viel auf einmal von dir: Kommunikation ist immer wieder eine Herausforderung. Die Tugendregel der Rechten Rede missachten wir häufig. In einem heiklen Gespräch mit dem Partner oder der Partnerin geht meist alles furchtbar schnell. Oft werden heikle Themen berührt. Dann drückt der andere bei uns bestimmte Knöpfe und bestimmte Muster werden aktiviert, so dass wir die Bewusstheit verlieren und unheilsam reagieren. Das ist normal und kein Grund, das Bemühen um heilsame Kommunikation frustriert wieder aufzugeben. Ganz im Gegenteil, wenn du bemerkst, dass etwas schief gelaufen ist, zeigt dies, dass du auf dem richtigen Weg bist.

Wenn ihr euch auseinandergeredet habt, könnt ihr euch wieder zusammenschweigen.

Wenn in der Kommunikation Trennung entsteht, wenn wir uns auseinander geredet oder auseinander gelebt haben, können wir die Schwierigkeiten in weiteren Gesprächen auszuräumen versuchen. Wir können uns aber auch wieder zusammenschweigen. Die Kraft des Schweigens ist wundervoll, wird aber selten gewürdigt. Indem ich schweigend mit mir selbst bin, kann ich mir selbst begegnen. Wenn zwei Menschen schweigend zusammen sind, können sie sich auf neue Weise begegnen.

Schweigen bedeutet dabei nicht nur, auf das Sprechen zu verzichten, sondern auch auf Gedanken. Zumindest ein wenig lösen wir uns in solchen Momenten vom ständigen Plappern, dem Lärm in uns selbst. Einfühlung hilft dir, die

Gedanken zu beruhigen, und du kannst es auch in der Meditation üben.

Im gemeinsamen Schweigen geben wir uns die Chance, uns und einander neu zu spüren, uns nicht gegenseitig in Schubladen zu stecken und uns dabei auf eine tiefere Weise zu verbinden. Es öffnet sich ein Raum ohne Klassifizierungen und Beurteilungen. Wärme und Verbundenheit werden spürbar, wie eine feine Strahlung.

Von hier aus kann sich zur richtigen Zeit ein neues Sprechen, Hören und Handeln entfalten, eine Kommunikation, ohne den anderen kontrollieren zu wollen, ein gemeinsamer Tanz – die dritte Stufe der Rechten Rede, auf der Trennung nicht mehr existiert.

Mit anderen Worten: Schweigen kann einen leeren Raum öffnen, gefüllt mit Liebe. Dort passen nicht nur Männer und Frauen zusammen, sondern auch Männer und Männer, Frauen und Frauen. In diesem Raum passen alle Menschen zueinander. In diesem Raum erkennst du den anderen als Bruder oder Schwester – und dich selbst.

Schweigen kann einen leeren Raum öffnen, gefüllt mit Liebe.

6. Blockaden erkennen und auflösen

Vor einigen Jahren sprach mich auf einer Indienreise ein buddhistischer Mönch an. »Hast du eine Frau?«, fragte er. Ich bejahte. »Wie lange schon?«, wollte er wissen. »20 Jahre«, sagte ich. »Was für eine harte Arbeit!«, kommentierte er lächelnd.

Wer wollte das bestreiten? Es ist schon fast eine Binsenweisheit: Wer eine langjährige Beziehung führen möchte, muss fortwährend daran arbeiten. Wer glaubt, mit dem richtigen Menschen, dem Traumpartner, würde sich der Rest gleichsam magisch von selbst ergeben, wird bitter enttäuscht werden.

Letztlich hängt alles davon ab, wie wir mit den Schwierigkeiten umgehen, die unweigerlich auftreten werden. Kümmern wir uns um Verständnis, können wir wachsen. Reagieren wir mit Kampf, Flucht oder indem wir uns unempfindlich machen – die drei üblichen menschlichen Verhaltensweisen –, landen wir immer wieder in den gleichen Krisensituationen, in denen es uns schwerfällt zu glauben, dass Beziehungen ein Segen sein sollen.

Immer wieder bringen uns dann dieselben Dinge auf die Palme. Beziehungsgespräche nehmen wie ferngesteuert immer den gleichen Verlauf – bis Türen knallen. Oder:

Einer redet sich in Rage, die andere schweigt. Oder: Beide sind unzufrieden, aber keiner wagt, die Probleme zu thematisieren. Es geht nicht vor, nicht zurück. Zwei Menschen, die sich eigentlich lieben, sitzen einander hilflos gegenüber.

Blockaden erleben fast alle Paare. Oft zerbrechen Beziehungen daran, weil es keinen Ausweg zu geben scheint. »Männer und Frauen passen einfach nicht zusammen«, folgert wie bereits erwähnt, eine Figur bei Loriot. Aber wer möchte es bei dieser resignativen Haltung belassen? Wie können wir uns wieder auf Verbundenheit ausrichten, wenn wir in der Kommunikation immer wieder an dieselben Grenzen stoßen und wenn die Signale vielleicht schon auf Trennung stehen? Wie finden wir Zugang zu Bewusstheit, Einfühlung und Wertschätzung, wenn wir uns gerade am Boden zerstört fühlen und nicht mehr weiter wissen?

Blockaden durch Urteile

Blockaden entstehen häufig, weil wir uns in Urteilen über den anderen verlieren. Die Gewohnheit, sich oder andere zu beurteilen, haben die meisten Menschen tief verinnerlicht. Was unseren persönlichen Werten und Bedürfnissen entspricht, wird als positiv bewertet, was davon abweicht als negativ. Anhand bestimmter Überzeugungen und Gedankenmuster, die sich im Laufe unseres Lebens herausgebildet haben, verpassen wir allem und jedem Etiketten: angemessen oder unangemessen, akzeptabel oder inakzeptabel, gut oder schlecht. Der Dalai Lama ist ein guter

Beurteilungen verhindern Verständnis und erzeugen Blockaden.

Mensch – selbstlos und unerschrocken. XY ist ein schlechter Mensch, weil er immer nur an sich denkt – total egozentrisch. Auch dich selbst beurteilst du ständig.

Wenn wir Urteile fällen, nehmen wir an, dass wir zur Verbesserung einer Situation beitragen, denn schließlich weisen wir aus unserer Sicht auf Fehler hin, erklären, was schiefläuft, drängen auf Abhilfe. Tatsächlich verschärfen Urteile aber Schwierigkeiten in zwischenmenschlichen Beziehungen. Sie verhindern Einfühlung und Verständnis und schaffen stattdessen Angst und Distanz. Damit blockieren sie Veränderung. Trotzdem glauben wir fest daran, dass unsere Urteile der Wahrheit entsprechen, und versuchen immer wieder, unseren Partner, unsere Partnerin zu manipulieren.

Werturteile und moralische Urteile

Aber Moment, brauchen wir nicht Urteile, um uns daran zu orientieren und in der Welt zurechtzufinden? Es ist wichtig, an dieser Stelle eine klare Unterscheidung vorzunehmen zwischen Werturteilen und moralischen Urteilen, so wie es auch Marshall Rosenberg in der Gewaltfreien Kommunikation tut. Werturteile sind hilfreich, moralische Urteile kontraproduktiv.

In Werturteilen kommen deine Werte zum Ausdruck. Werte wollen wertgeschätzt werden. Aber Vorsicht: Andere müssen sie nicht erfüllen. Sie lassen sich in Ich-Sätzen formulieren:

Unterscheide verbindende Werturteile von trennenden moralischen Urteilen.

»Ich finde es wichtig, anderen Menschen zu helfen.« – »Für mich ist Frieden erstrebenswert.«

Werturteile bilden Leitlinien für dein Leben und sollen dein Wohlbefinden sichern. Gleichzeitig begrenzen sie allerdings auch deinen Handlungsspielraum.

Moralische Urteile hingegen sind in Beziehungen nie hilfreich. Du bringst dich damit schnell in Opposition zum jetzigen Moment und kappst die Verbindung zu dem Menschen, über den du urteilst. Wie soll Kommunikation zwischen dir und deinem Partner weitergehen, wenn du sagst: »Du bist unmöglich!« oder »Du bist unsensibel!«

Urteile äußern sich häufig in Form von Vorwürfen. Im Vorwurf verbergen sich die Gefühle, die uns gerade bewegen. Er verschlüsselt, was wir eigentlich wollen. Wir äußern Vorwürfe in der oft unbewussten Hoffnung, der andere möge dahinter unsere Gefühle und Bedürfnisse wahrnehmen. Diese Strategie geht aber selten auf.

Ein Satz, der häufig in Beziehungen fällt, ist zum Beispiel: »Du interessierst dich überhaupt nicht für mich!« Eigentlich bedeutet dieser Satz: »Bitte, interessiere dich für mich!« Er weist dich auf dein Bedürfnis nach Interesse und Verbindung hin. Moralische Urteile verengen und verzerren deine Wahrnehmung. Somit lassen moralische Urteile kaum Spielraum für Annäherung. Warum unser Partner so handelt, wie er handelt, seine Bedürfnisse und Erfahrungen, seine innere Vielfalt und Komplexität – all das spielt dann keine Rolle. Der andere fühlt sich dementsprechend missverstanden und angegriffen.

Der fließenden Qualität alles Lebendigen werden Urteile nie gerecht. Deswegen haben sie immer eine Note von Hoffnungslosigkeit oder Traurigkeit. Deiner Sehnsucht nach Verbundenheit und Harmonie wirken sie entgegen. »Wer beurteilt, liebt nicht«, hat einmal jemand sinngemäß gesagt.

Ich-Botschaften hingegen sind offen formuliert, der andere kann sie leichter aufnehmen – solange sie deine eigenen Bedürfnisse und Gefühle transportieren und keine Verallgemeinerungen sind.

Moralische Urteile blockieren Verständnis

Du hast die Wahl: Du kannst unerwünschtes Verhalten anderer abkanzeln oder dich öffnen. Entweder du bist im Beurteilungsmodus oder im Herzensmodus. Das Wort Modus trifft die Sache gut, weil es sich tatsächlich um eine Haltung handelt, die dein ganzes Erleben prägt und sich auf deine Beziehungen zu allen anderen Menschen auswirkt.

Beurteilungen erzeugen Anspannung und Unruhe.

Im Beurteilungsmodus hältst du dich selbst immer unter Spannung, erzeugst eine innere Unruhe. Du kannst es überprüfen, wenn du dich angespannt fühlst. Frage dich dann einmal: Wie stark sind gerade Urteile über mich selbst oder andere oder die Situation in mir aktiv? Bin ich unzufrieden mit mir und mache mir Selbstvorwürfe? Bin ich unterschwellig genervt von meiner Partnerin? Möchte ich, dass die Situation möglichst schnell vorbei geht? In solchen Momenten hast du die Chance zu spüren, wie dich Urteile in einer bestimmten geistigen Haltung fixieren und damit vom Fluss der Erfahrungen abschneiden.

Urteile verursachen Verletzungen

Ein Geist im Beurteilungsmodus ist nicht achtsam, er verursacht Verletzungen, Enttäuschungen und Resignation. Dein Partner fühlt sich schockiert, bedrückt, hilflos oder traurig, vor allem wenn sich die Urteile auf seine sensiblen Themen beziehen. Ein achtsamer Geist hingegen ist ohne Urteil in Verbindung mit dem, was geschieht.

Befinden wir uns erst einmal im Streit, werden Urteile immer vehementer zum Einsatz gebracht. Wir verkleiden sie dann zum Beispiel als allgemeine Wahrheit, indem wir sagen: »Das finde nicht nur ich ...« oder »Jeder weiß ja, dass du ...« oder »Wie immer hast du in diesem Fall ...«. Mit solchen Verallgemeinerungen unterstreichen wir, dass wir nicht nur über eine einzelne Handlung urteilen, sondern dass der andere als Person gemeint ist. Das wirkt umso verletzender.

Urteile frühzeitig wahrnehmen

Um bewusst mit Urteilen umgehen zu können, musst du sie erkennen. Das ist gar nicht immer so einfach, denn sie sind uns im Laufe unseres Lebens gewissermaßen zur zweiten Natur geworden. Besonders bist du im Beurteilungsmodus, wenn deine Grundbedürfnisse nicht erfüllt sind. Für Situationen, in denen besondere Vorsicht geboten ist, haben die Anonymen Alkoholiker das nützliche Merkwort ÄHEM geprägt, die Abkürzung für ärgerlich, hungrig, einsam und müde. Auch in Situationen, die mit schmerzhaften Gefühlen verbunden sind, etwa bei Spannungen oder Streit, ist besondere Vorsicht geboten.

Achtsamkeit auf den Körper hilft dir zu bemerken, wenn der Beurteilungsmodus aktiv wird. Körperliche Signale wie beschleunigter Pulsschlag oder Verspannungen können dich darauf hinweisen, dass etwas nicht stimmt.

Nehmen wir zwei klassische Situationen: Dein Mann hat mal wieder den Müll nicht runtergebracht oder deine Frau hat aus deiner Sicht zu lange das Bad blockiert. In solchen Momenten kommt es vor allem darauf an, den inneren Gong zu hören: Dies ist der richtige Moment, um zu üben! Halte einen Moment inne und spüre bewusst deine Emotionen.

Jetzt kannst du vielleicht wahrnehmen, wie der Beurteilungsmodus spricht: »Immer das Gleiche!« – »Kann ja wohl nicht sein!« – »Ist das denn wirklich so schwer zu begreifen?« – »Jetzt ist es aber auch mal gut!« – »Diese Ignoranz ist ja nun – bei aller Achtsamkeit! – einfach nur inakzeptabel.« So spricht der Beurteilungsmodus. Er teilt die Welt fortwährend auf in gut und schlecht, hilfreich und störend, wichtig und unwichtig, erhaben und profan, Opfer und Täter.

Die Situation wird damit weder angenehmer, noch lässt sich das Problem leichter lösen. Im Gegenteil: Du fühlst dich schlecht und die Blockade verfestigt sich.

Das Herz sprechen lassen

Wie kannst du nun in den Herzensmodus wechseln? Zunächst gib gut acht, dass du dich nicht für deine Urteile verurteilst. Versuch nicht, den Beurteilungsmodus zu bekämpfen, ihn abzuschaffen. Richte deine Achtsamkeit auf deine Urteile, lass sie sein, wie sie sind und schau auf die Botschaft dahinter. So kommst du zu den Gefühlen, die gerade in dir leben. Bist du in Verbindung mit deinen Gefühlen, kannst du ihnen Raum schenken und für dich sorgen.

Urteile besetzen dich,
Bewusstheit befreit dich.

Je länger du übst, desto mehr erlebst du dich selbst als Beobachter hinter den Urteilen, also etwas viel Größeres als die Gedanken und Emotionen des Moments. Du kommst auf diese Weise ganz automatisch in Verbindung zu deinem Herzen, zu deiner Liebe für den anderen Menschen und dich selbst. Der Beurteilungsmodus ist noch aktiv, aber er hat nicht mehr die Kraft, dir eine bestimmte Sicht der Wirklichkeit, in diesem Beispiel deiner Beziehung, aufzuzwingen.

Die Bedürfnisse hinter den Urteilen erkennen

Treten in einer Beziehung Blockaden auf, haben sich in der Regel bestimmte Urteile fest etabliert. Immer wieder kommen sie an die Oberfläche und beherrschen deine Wahrnehmung und deine Reaktionen. Du erkennst es daran, dass Sätze fallen wie »Warum kannst du nicht *einmal* auch an mich denken?« oder »Ist das denn wirklich so schwer zu begreifen?«

In solch einer Situation braucht es Mitgefühl statt Gegenwehr. Eine konkrete Anleitung zur Mitgefühlspraxis bietet die bereits erwähnte Gewaltfreie Kommunikation von Marshall Rosenberg. Um Blockaden aufzulösen, mach dir bewusst: Hinter jedem Urteil steht ein unerfülltes Bedürfnis. So lange du im Beurteilungsmodus bist, kannst du deine eigenen Gefühle nicht richtig wahrnehmen und die Bedürfnisse überhaupt nicht spüren. Die Gefühle und Bedürfnisse deines Partners oder deiner Partnerin interessieren dich nicht einmal. Die Urteile blockieren also das Einfühlungsvermögen dir selbst und anderen gegenüber. »Beurteilungen sind die uneffektivste Art, um Verständnis zu bitten«, hat einmal ein kluger Mensch gesagt, dessen Name mir leider nicht bekannt ist.

Zur Erinnerung: Um zu den Bedürfnissen vorzudringen, formuliere am besten das Gegenteil des Urteils. Verwandle den Satz »Du bist rücksichtslos!« in: »Bitte sei rücksichtsvoll.« »Du ignorierst mich!« verwandle in: »Bitte beachte mich.« Und so weiter.

Nehmen wir ein Beispiel aus dem Beziehungsalltag. Du kommst von der Arbeit nach Hause und freust dich auf ein leckeres Abendessen. Vereinbart war, dass heute dein Partner kocht. Doch du findest ihn auf dem Sofa vor dem Fernseher. Er hat nicht einmal eingekauft.

Du wirst nun wahrscheinlich ärgerlich werden und deinen Partner kritisieren. Vielleicht machst du ihm eine handfeste Szene. Er setzt sich daraufhin zur Wehr, und der Abend ist gelaufen. Damit lässt du eine Chance verstreichen. Während du urteilst und streitest, sind dir deine Gefühle – vielleicht Wut, Hilflosigkeit, Trauer – nur vage bewusst. Die Bedürfnisse, die dahinter stecken, bleiben vollkommen unerkannt. Woraus speist sich dein Ärger? Vielleicht aus deinem tiefen Wunsch nach Verlässlichkeit, Wertschätzung, Geborgenheit?

Um es herauszufinden, schlägt dir die Gewaltfreie Kommunikation folgendes Vorgehen vor:

1. Schritt: Du wendest dich dir selbst zu.
2. Schritt: Du erspürst deine Gefühle.
3. Schritt: Du fragst dich, welche Bedürfnisse hinter den Gefühlen stehen.
4. Schritt: Du formulierst eine konkrete, umsetzbare Bitte.

Der vierte Schritt ermöglicht dir also, auf eine Veränderung hinzuwirken, ohne eine Blockade zu erzeugen oder zu verfestigen.

In einer schwierigen Situation kannst du dich mit genau diesem Vorgehen auch deinem Partner nähern.

1. Schritt: Du schenkst ihm Beachtung, wendest dich ihm also zu, ohne ihn zu beurteilen.
2. Schritt: Du fühlst dich in ihn ein, so gut du kannst (nimmst zum Beispiel wahr, dass er wütend ist).
3. Schritt: Du fragst dich, welche Bedürfnisse hinter seinen Gefühlen stehen könnten, indem du das Gegenteil seiner Urteile formulierst.

4. Schritt: Du fragst ihn, was er gerade braucht und wie du dazu beitragen kannst, sein Bedürfnis zu erfüllen.

Zurück zu unserem Beispiel: Möglicherweise wird dir klar, dass dein Freund einen schwierigen Tag hatte und – besetzt von Gefühlen – vergessen hat, einzukaufen und zu kochen, oder er fühlte sich schlicht zu kraftlos. Sein Bedürfnis ist jetzt, in seiner schwierigen Lage Einfühlung und Verständnis zu bekommen. Zu einem späteren Zeitpunkt kannst du ihn fragen, ob er bereit ist zu hören, was die Situation in dir ausgelöst hat, und gegebenenfalls die Bitte formulieren, dich das nächste Mal anzurufen, wenn eure gemeinsamen Pläne sich ändern.

Was aber, wenn deine Bitte immer wieder ungehört bleibt? Wiederhole in diesem Fall zunächst die Bitte und verdeutliche, wie wichtig dir dein Anliegen ist. Bleibt auch dies ohne Erfolg, kannst du das offen thematisieren: »Ich habe diesen Wunsch geäußert, aber du scheinst nicht darauf einzugehen. Ich würde das gerne verstehen. Kannst du es mir erklären?«

Wird deine Bitte dauerhaft nicht erfüllt, hast du die Wahl: Du kannst das Verhalten deines Partners akzeptieren oder Konsequenzen ziehen. Du könntest zum Beispiel bei Problemen im häuslichen Zusammenleben vorschlagen, getrennte Wohnungen zu beziehen oder zu einem Paartherapeuten zu gehen oder Ähnliches.

Blockaden durch Forderungen

Urteile nehmen sehr häufig die Form von Forderungen an. Aus einer Bitte wird eine Forderung, wenn du erwartest, dass sie erfüllt wird. Lautet die Antwort auf deine Bitte »Nein« und kannst du damit nicht einfühlend umgehen, kannst du sicher sein, dass du eine Forderung gestellt hast.

Die Forderung lässt deinem Gegenüber keine wirkliche Wahl. Wenn der andere der Forderung nachkommt, beruht sein Handeln nicht auf Freiwilligkeit. Forderungen unterscheiden sich von Bitten auch dahingehend, dass Sanktionen erfolgen, wenn sie nicht erfüllt werden. Die Gewaltfreie Kommunikation empfiehlt, gegenüber uns nahe stehenden Menschen mit folgender Haltung aufzutreten: »Tue nur etwas für mich, wenn du es freiwillig tust.« Nimm an, du möchtest gerne mit deiner Partnerin schlafen und bringst diesen Wunsch zum Ausdruck. Sie gibt dir zu verstehen, dass sie gerade keine Lust hat. Du bist vielleicht ein bisschen frustriert, kannst dich aber in sie einfühlen und daher akzeptieren, dass sie gerade kein Bedürfnis nach Sex hat. Vielleicht ist aber Zärtlichkeit möglich. Ihr bleibt in Verbindung, könnt irgendwann das Licht ausschalten und ruhig einschlafen.

Forderst du hingegen von deiner Partnerin, mit dir zu schlafen, wirst du verärgert auf ihre Absage reagieren, sie wahrscheinlich verurteilen und ihr vielleicht sogar eine handfeste Szene machen

Forderungen ersticken Freiwilligkeit.

(»Nie hast du Lust!«, »Ich habe auch Bedürfnisse!«). Oder du bestrafst sie, indem du dich wortlos zur Wand drehst, statt ihr einen Gute-Nacht-Kuss zu geben, also mit Liebesentzug.

Auf Forderungen reagieren Menschen normalerweise mit Widerstand oder Unterwerfung. Beide Haltungen lösen keine Blockaden, sondern verstärken sie. Achte also sehr achtsam darauf, wann Forderungen im Spiel sind, und versuche, stattdessen Bitten zu formulieren.

Unterschwelliger Druck

Nicht zuletzt kann auch unterschwelliger Druck Blockaden erzeugen. Den Partner verändern zu wollen und den eigenen Bedürfnissen anzupassen nimmt im Alltag viele verschiedene Formen an. Dabei gilt der weise Satz: Auch Ratschläge können Schläge sein. Vordergründig mögen sie wie der Versuch aussehen zu helfen, aber dahinter verbirgt sich oft Widerstand gegen Gefühle und Verhaltensweisen des anderen: »Etwas mehr Ordnung würde dir eine Menge Zeit und Stress ersparen.« – »Früher hatte ich ja auch Schwierigkeiten mit starken Emotionen. Vielleicht solltest du auch mal eine Therapie machen.«

Auch Ratschläge können Schläge sein.

Gerade buddhistisch Praktizierende tappen häufig in diese Falle, vor allem in der Anfangsphase. Sie machen die Erfahrung, dass sich ihr Leben durch die buddhistische Lehre und Praxis zum Guten verändert, und wollen, dass ihnen nahe stehende Menschen folgen. Ohne Rücksicht darauf, ob der andere gerade daran interessiert ist, versuchen sie ihn von etwas zu überzeugen, das sie noch nicht einmal selbst ganz verstanden haben. Dabei fallen Sätze wie »Du musst einfach loslassen …«, »So ist es nun mal, das musst du akzeptieren.«, »Du solltest dich mal mit meinem Lehrer unterhalten.«

Immer wenn wir einen anderen Menschen zu einer inneren Veränderung nötigen wollen – und seien die Mittel noch so »sanft« –, wird das nicht funktionieren. Wir können lediglich Angebote machen und müssen dem Menschen an unserer Seite von ganzen Herzen die freie Wahl lassen.

Schwierigkeiten können auch entstehen, wenn du ihm deine eigenen Erfahrungen überstülpen möchtest: »Also, mir hilft immer … mach das doch auch mal!« Wenn du offen bist für die Bedürfnisse des anderen, kann es hilfreich sein, davon zu erzählen, wie du selbst mit ähnlichen Situationen zurechtkommst. Das kann aber auch dazu führen, dass du völlig an den Bedürfnissen deines Partners vorbei redest. Leicht entsteht dann der Eindruck, du selbst würdest Schwierigkeiten von leichter Hand meistern, während er auf Hilfe angewiesen ist. Da kommt dann schnell das Gefühl auf, nicht verstanden und nicht ernstgenommen zu werden. Oft sehnt sich der andere vor allem danach, dass jemand aufmerksam und mitfühlend zuhört. Sein Problem umgehend lösen zu wollen weist eventuell auf eigene Gefühle hin, die du nicht fühlen möchtest, zum Beispiel Hilflosigkeit, Unsicherheit und Angst.

Blockaden lösen

In aller Regel lassen sich Blockaden nicht von jetzt auf gleich beseitigen. Auch hier formuliert die Psychologie in moderner Sprache Einsichten, die bereits vor 2500 Jahren der Buddha gelehrt hat. Demnach sind vier Voraussetzungen notwendig, wenn man etwas verändern will:

Zunächst braucht es eine *klare Motivation*. Die könnte zum Beispiel lauten: Wir lieben uns und möchten dauerhaft zusammen sein. Schwierigkeiten möchten wir gemeinsam in Angriff nehmen.

Die zweite Voraussetzung ist die *Einsicht in die eigenen Abwehrstrategien*, in die eigenen *Prägungen und Muster*. Vielleicht kannst du Nähe nicht oder nur schwer zulassen, weil dir früher einmal nahe stehende Menschen Schmerzen zugefügt haben. Vielleicht distanzierst du dich darum schnell vom geliebten Menschen. Vielleicht musst du zum Schutz Überlegenheit beweisen. Vielleicht versuchst du Liebe zu bekommen, indem du dich völlig unterwirfst. Was auch immer deine Strategie ist: Stell dich deinen persönlichen Mustern und versuche, ihnen mit Achtsamkeit zu begegnen.

Das Mittel dazu ist, drittens, die *Selbsteinfühlung*, bei der du deine Achtsamkeit auf deine Gefühle lenkst und versuchst, sie möglichst direkt zu spüren. Damit durchbrichst du die Abhängigkeit davon. Lass dir aber Zeit damit. Wenn du versuchst, Gedanken und Gefühle aktiv zu entmachten, manövrierst du dich leicht in den Widerstand – und stärkst damit die Abhängigkeit.

Viertens kannst du das *neue Verhalten zur Gewohnheit machen*, indem du es immer wieder übst. Gewohnheiten haben viel Kraft, im Positiven wie im Negativen. Es ist zum Beispiel sehr hilfreich, wenn du es dir zur Gewohnheit machst, deine Partnerin jeden Abend zu fragen, was sie heute erlebt hat, und ihr etwas Wertschätzendes zu sagen.

Gemeinsam Freiheit erleben

Wenn du auf diese Weise übst, wirst du dich in deiner Beziehung mit der Zeit immer freier fühlen. Gemeint ist damit natürlich nicht, dass du tun kannst, was du willst, und dass du alles bekommst, was du dir wünschst. Das ist eine kindische Vorstellung von Freiheit, eine trügerische Spielart des besetzten Bewusstseins.

Gemeint ist die Freiheit von den Fesseln, die du dir und deinem oder deiner Liebsten mit Urteilen und Forderungen an euch und eure Beziehung anlegst. Nirgendwo treten unsere Muster so deutlich zutage wie in Beziehungen. Statt den Finger in die Wunden des anderen zu legen, kannst du mutig eure Bedürfnisse entdecken und über deine Begrenztheit hinauswachsen. Alles, was dir als schmerzhafte Schwierigkeit erscheint, lässt sich als Chance zur Entwicklung begreifen.

Der Segen einer Beziehung liegt darin, immer bewusster und offenherziger zu leben. Je mehr du dich auf den anderen einlassen kannst, desto mehr erfährst du über dich selbst. Wenn zwei Liebende sich selbst und in der Tiefe die Verbundenheit ihrer Seelen erkennen, wird dies heilsame Folgen haben.

7. Lust und Last der Sexualität

Sexualität beschäftigt uns über weite Phasen unseres Lebens. Immer wieder sehnen wir uns nach dem Glück, das sie uns verspricht. Immer wieder hadern wir mit den Schwierigkeiten, die daraus erwachsen können.

Die Auffassungen über Sexualität gehen dabei weit auseinander: Für manche Menschen ist sie die schönste Sache der Welt, für andere, wie es der kanadische Biologe Graham Bell formulierte, ist sie die »Königin der Probleme«.[11] Der Forscher Richard Mechard bemerkte einmal, gemessen am geringen Nutzen sei der Aufwand, den wir für Sexualität betrieben, enorm.[12] Und viele halten es bezüglich der Sexualität mit dem Liedermacher Konstantin Wecker: »Wer nicht genießt, ist ungenießbar.«

Für die einen ist Sexualität die schönste Sache der Welt, für die anderen die »Königin der Probleme«.

Als Frauenarzt frage ich meine Patientinnen: »Wie zufrieden sind sie mit ihrem Sexualleben?« Die Antworten sind sehr unterschiedlich und reichen von »Es ist oft schön.« über »Es ist okay!« bis hin zu Schilderungen von Lustlosigkeit, Frust und Schmerzen. Zusammenfassend

11 Zitiert nach GEO Wissen: Sex – Geburt – Genetik, 1998
12 Ebd.

kann ich feststellen: Ambivalenz ist der Normalzustand. Die meisten Menschen erleben in der Sexualität Glück und Befriedigung ebenso wie ungestilltes Verlangen und schmerzhafte Enttäuschungen. Diese Tatsache müssen wir zunächst akzeptieren, um uns dann die entscheidenden Fragen zu stellen: Was steckt dahinter? Was treibt uns an? Woher kommen diese mächtigen Gefühle? Warum macht uns Sexualität oft das Leben so schwer? Und wie können wir damit am besten umgehen?

Jenseits von Gut und Böse

In unserer Gesellschaft gibt es im Wesentlichen zwei Tendenzen im Umgang mit Sexualität. Auf der einen Seite wird ihr eine immense Bedeutung für die Selbstverwirklichung zugesprochen. Wer seine Sexualität nicht auslebt, muss dieser Auffassung zufolge unausgeglichen und unglücklich sein. Zugleich stehen wir in einer jahrhundertealten Tradition der Sexual-, Körper- und Lustfeindlichkeit. Es ist bemerkenswert: Obwohl Sexualität in den Medien sehr breiten Raum einnimmt, wird Sex oft unterschwellig als etwas Schmutziges wahrgenommen und ist nach wie vor mit Tabus belegt. Auch heute noch fällt es vielen Menschen schwer, darüber zu sprechen.

In buddhistischen Kreisen wird Sexualität manchmal als verhängnisvoll dargestellt, als Pfad ins Dunkle. Wir hören: Wer sich dem Begehren hingibt, kann sich nicht mehr davon lösen, verstrickt sich mehr und mehr. Sexuelle Bedürfnisse werden als leidbringendes Hindernis verstanden.

Sie auszuleben führt demnach zu Abhängigkeit von anderen Menschen, von bestimmten sexuellen Praktiken oder von Sex an sich.

Begründet wird diese Auffassung oft mit den vier Edlen Wahrheiten, in denen der Buddha den Kern seiner Lehre dargelegt hat. In der zweiten Edlen Wahrheit lesen wir: Begehren ist die Ursache von Dukkha; wir leiden, weil unsere Wünsche nie vollkommen und dauerhaft befriedigt werden können. Und in der dritten: Wenn Begehren schwindet, so schwindet Dukkha.

Wie kann also Sexualität etwas Wertvolles sein? Verhalten sich sexuelles Begehren und spirituelle Praxis nicht zueinander wie Feuer und Wasser?

Der Auffassung, Sexualität sei ein Hemmnis für unsere Entwicklung, liegt ein Missverständnis zugrunde. Auch für das sexuelle Begehren gilt: Es kommt darauf an, was du daraus machst!

Das Begehren an sich entspringt einem Erleben von Unvollkommenheit und ist somit Dukkha. Würdest du dich erfüllt und vollkommen fühlen, gäbe es keinen Grund zu begehren. Ob dieses Dukkha weiter anwächst, hängt von deinem Umgang damit ab.

Auch durch Sexualität können Bewusstheit und Klarheit in unserem Leben anwachsen.

Heilsam sind dabei weder Verherrlichung der Sexualität noch ihre Verdammung. Gehen wir stattdessen achtsam mit unserer Sexualität um, kann sie dazu beitragen, dass Bewusstheit und Klarheit in unserem Leben anwachsen.

Es ist wichtig, sich immer wieder zu erinnern: Der Buddha hat die menschlichen Gefühle nicht in »gut« und »böse« aufgeteilt. Das Dhamma weist uns stattdessen den Weg zu einem heilsamen Umgang mit unserem Begehren, einem Umgang also, der Dukkha nicht vermehrt, sondern immer weiter reduziert. Allein darum geht es.

Sexualität hat der Buddha nicht abgelehnt, solange sie aus einer liebevollen Haltung heraus praktiziert wird. Nur Mönche und Nonnen sollen nach seiner Lehre die Übung auf sich nehmen, enthaltsam zu leben. Nicht ordinierte Schülerinnen und Schülern hat der Buddha, gemäß den damaligen Sitten, in ihrem Eheleben durch Ratschläge unterstützt. Im Palikanon[13] werden 21 Menschen aufgeführt, die erleuchtet wurden, ohne Nonne oder Mönch zu sein, wobei diese Liste nicht vollständig sein dürfte.[14] Wir können also davon ausgehen, dass Sexualität unserer spirituellen Entwicklung nicht im Weg steht.

Für die meisten Menschen wäre der Versuch, abstinent zu leben, sogar kontraproduktiv. Sie würden gegen ihre eigenen Gefühle und Bedürfnisse ankämpfen und sich damit heillos überfordern. Das zölibatäre Leben sollte nur wählen, wer von ganzem Herzen überzeugt ist, diese Form der Praxis sei für ihn oder sie die richtige.

Der Buddha hat allerdings zugleich sehr deutlich vor

---

13 Der Palikanon ist die älteste schriftliche Zusammenstellung der Lehrreden des Buddha, verfasst in der altindischen Sprache Pali.

14 Vergleiche Hans Wolfgang Schumann, *Buddhismus. Stifter, Schulen und Systeme,* München: Diederichs 2005, S. 27.

den Gefahren gewarnt, die in der Sexualität liegen. Nichts fesselt demnach den Geist so sehr wie ein Mensch, den wir begehren.[15] Damit ist aber nicht gemeint, dass wir unsere Sexualität abwerten sollten. Immer wenn wir in unserem Leben etwas bekämpfen, verurteilen oder ausblenden, verhindern wir Entwicklung.

Immer wenn wir etwas ausblenden oder bekämpfen, verhindern wir Entwicklung.

237 Gründe für Sex

Warum haben wir überhaupt Sex? Die Sexualforscher Cindy Meston und David Buss von der University of Texas haben Menschen danach befragt und 237 Antworten zusammengestellt.[16] Die Bandbreite war überraschend: »Ich kann dann abends besser einschlafen«, sagte jemand. Manche Frauen erklärten, sie schliefen mit ihrem Mann, um etwas anderes zu bekommen, hinterher sei er freigebiger. Eine Frau erklärte, ihr Mann helfe ihr nach dem Akt immer beim Putzen. Bei anderen half Sex gegen Migräne. Wieder andere sahen einen Vorzug darin, dass beim Sex Kalorien verbrannt werden. (Ich habe recherchiert: 150 bis 200 Kalorien pro Akt, je nachdem.) Manche Menschen sagten auch, sie kämen durch ihr Sexleben Gott näher, oder sie sahen Sexualität als Suche nach dem »kosmischen Orgasmus«. Auch Liebe zum Partner wurde natürlich genannt. Vordergründig gibt es also sehr viele verschiedene mehr oder weniger gute Gründe für Sexualität.

15 »Mann und Weib«, *Angereihte Sammlung*, I.1, Bielefeld: Aurum Verlag 1984
16 Zitiert nach: 237 Gründe für Sex unter www.spektrum.de, 2007

Die Kraft der drei Triebe

Schauen wir tiefer, können wir feststellen, dass sich in unserem Bedürfnis nach Sex alle drei Triebe vereinen, von denen der Buddha gesprochen hat.[17] Der buddhistische Gelehrte Paul Debes bezeichnet Triebe als »in jedem Menschen verwurzelte Energien, die die geistigen und körperlichen Kräfte antreiben zur Tätigkeit«.[18]

Der *Sinnlichkeitstrieb* führt zu dem drängenden Wunsch nach angenehmen sinnlichen Erfahrungen. Der *Daseinstrieb* sorgt dafür, dass wir an unserer individuellen Existenz hängen und uns als Mensch auch fortpflanzen wollen. Viele Menschen verbinden mit der Zeugung von Kindern den Wunsch, dass auch von ihnen selbst etwas erhalten bleibt, wenn sie gestorben sind: ihre Gene sowie das, was sie ihren Kindern mit auf den Weg geben, zum Beispiel bestimmte Werte, Überzeugungen und Fähigkeiten. Als Drittes wirkt in der Sexualität der *Unwissenheitstrieb*, von einigen Kommentatoren auch *Ichbestätigungstrieb* genannt. Darin steckt die soziale Dimension: Über die Zuwendung von unseren Partnern erfahren wir Bestätigung, fühlen uns geliebt und erleben uns in unserer Ich-Identität gestärkt.

Bewusst oder unbewusst glauben wir, dass wir diesen Trieben folgen müssen, um Glück zu empfinden. Hinter

---

17 Vergleiche »Alle Triebe« und »Richtige Ansicht« aus *Mittlere Sammlung* I.2 und I.9, Uttenbühl: Jhana Verlag 2012. In manchen Lehrreden ist noch von einem vierten Trieb, dem Ansichtstrieb, die Rede, der in diesem Zusammenhang aber keine wichtige Rolle spielt.

18 Paul Debes, *Meisterung der Existenz durch die Lehre des Buddha*. Band I, Bindlach: Buddhistisches Seminar 1997

den Trieben wiederum steht unsere Wahrnehmung, vom Rest der Welt getrennt zu sein, und damit unser Wunsch, diese Trennung zu überwinden. Sexuelles Begehren ist also – wie jede Form des Begehrens – etwas zutiefst Menschliches.

Glück in der Liebe

In der Pubertät verbindet sich der erwachende körperliche Drang der Sexualität mit der Sehnsucht nach Verbundenheit. Die sexuelle Vereinigung mit einem geliebten Menschen erscheint uns als Lösung vieler Probleme. Wir glauben, Angst und Einsamkeit überwinden zu können, indem wir in der Sexualität Nähe, Geborgenheit und Bestätigung suchen. Gleichzeitig erleben wir unsere Verletzbarkeit, Ängste vor Intimität und Nähe werden wach.

Irgendwann hast du in deiner Sexualität wahrscheinlich sehr angenehme Gefühle erlebt. Mit der körperlichen Freude einher ging tatsächlich ein Gefühl von Bestätigung. Manchmal erleben wir in der Sexualität die Erfüllung, nach der wir uns so lange gesehnt haben. Sexuelle Glücksmomente sind allerdings leider flüchtig wie Wasser in der Hand und abhängig von vielen äußeren und inneren Faktoren. Wenn wir Befriedigung erfahren haben, meldet sich kurz darauf schon wieder das Begehren und das Spiel beginnt von vorne.

Auch in einer harmonischen Beziehung können sexuelle Bedürfnisse nie dauerhaft und vollständig gestillt werden. Jeder hat seine eigenen Bedürfnisse, Vorlieben und Abneigungen, nicht immer harmonieren die Wünsche, und nicht immer haben beide gleichzeitig Lust auf Sex. Die äußeren Bedingungen sexueller Erfülltheit können sich schnell ändern: Der geliebte Mensch kann dich verlassen, die Anziehungskraft kann schwinden. Krankheiten oder Unfälle können Sexualität erschweren oder unmöglich machen.

Zugleich verstärken die Glücksmomente, die uns unsere Sexualität beschert, den Glauben, dass die Befriedigung unserer tiefsten Bedürfnisse vom sinnlichen Erleben und der Liebe anderer Menschen abhängt. Zugleich machen wir uns vielleicht Sorgen, dass wir den Ansprüchen potenzieller Partner nicht genügen, halten uns für zu dick oder sonst irgendwie unzureichend. So hält uns die Sexualität ständig unter Spannung.

Halten wir fest: Sexualität kann viel Freude bescheren. Um tiefe, dauerhafte Befriedigung zu erfahren, ist sie aber nicht das geeignete Mittel. In der Sexualität bleiben wir abhängig von äußeren Bedingungen.

> Deine tiefste Sehnsucht ist in der Sexualität nicht zu stillen.

Gefahren der Sexualität

Das Glücksversprechen der Sexualität kann leicht dazu führen, dass wir uns darin verlieren. Der Buddha warnt uns eindringlich: Nichts fesselt den Geist so sehr wie das sexuelle Begehren. Du bist dann völlig auf das Objekt der Begierde fixiert, unfähig dich etwas anderem zu widmen. Du haftest an, willst wiederhaben, deine Wahrnehmung verengt sich, du brauchst vielleicht sogar immer mehr und immer stärkere Reize. Und indem du dem Begehren aus dieser Haltung folgst, nährst du es immer mehr.

Große Schwierigkeiten können aufkommen, wenn die sexuelle Energie so stark ist, dass du dich nicht mehr an die ethischen Grundsätze hältst, die der Buddha uns nahegelegt hat. Die Tugendregel zur Sexualität lautet im Kern: »Ich will mich darin üben, andere und mich selbst in meiner Sexualität nicht zu verletzen und niemandem zu schaden. In meiner Sexualität will ich verantwortungsbewusst und einfühlsam handeln.«

In unserem buddhistischen Zentrum in Berlin verwenden wir außerdem eine Version der Tugendregeln speziell für Paare.[19] Dort heißt es über Sexualität: »Mit meinem sexuellen Verhalten will ich dir keinen Schmerz zufügen. In meiner Sexualität mit dir will ich einfühlsam und verantwortungsvoll handeln.«

Unser Begehren führt uns leicht in Versuchung: Einmal ist doch keinmal, und meine Partnerin zu Hause, die merkt es doch gar nicht. Ich komme doch sowieso immer so spät aus dem Büro, und dieses Mal komme ich eben nicht aus dem Büro, sondern von woanders. Und wenn es in der Beziehung nicht mehr läuft, muss ich mir meine Befriedigung eben bei einem anderen Menschen holen.

Der Geist ist sehr erfinderisch, wenn es um Ausreden geht. Aber wenn du Verabredungen brichst, die du mit deinem Partner oder deiner Partnerin geschlossen hast, wenn

19 Siehe Seite 193.

du nicht aufrichtig bist und dir die Dinge zurechtlegst, wie es *dir* gerade passt, werden daraus Verletzungen und Schwierigkeiten für euch beide erwachsen. Dein eigenes schlechtes Gewissen wird dich plagen. Du wirst vielleicht lügen und dich in Widersprüche verwickeln. Der Mensch an deiner Seite wird Schmerz empfinden, weil er irgendwann das Gefühl bekommen wird, nicht zu genügen und dir nicht mehr vertrauen zu können. Deine Selbstachtung wird leiden, eure Verbindung wird Schaden nehmen, vielleicht zerbrechen.

Wenn Sexualität dich stark treibt, kann es außerdem geschehen, dass dein Interesse für wichtige andere Dinge nachlässt. Relativ grobe Sinneseindrücke wie sexuelle Reize und Wünsche überlagern leicht feineres Erleben, denn der Geist richtet sich immer auf das aus, was gröber und lauter ist. Wenn dein Liebesleben dich dominiert, leidet darunter wahrscheinlich deine Meditationspraxis, denn die erfüllenden Erlebnisse in der Meditation sind subtiler als sexuelle Reize. Solche Phasen kennt wohl jeder Meditierende: Auf einmal gibt es nur noch Verliebtheit und den Wunsch, dem anderen Menschen möglichst nahe zu sein.

Ganz sicher kennst du das Gefühl, dass immer wieder Frust aufkommt, wenn deine sexuellen Wünsche nicht eins zu eins erfüllt werden. Und bei wem werden sexuelle Wünsche schon immer komplett befriedigt? Unerfülltes sexuelles Begehren führt möglicherweise zu Gefühlen von Einsamkeit und Angst und infolgedessen zu Ärger und Wut. Wenn du dann beginnst, gegen deine sexuellen Wünsche zu kämpfen oder sie auf Teufel komm raus zu befriedigen suchst (also gegen deine Unzufriedenheit kämpfst), verstärkst du dein Dukkha.

Immer wenn du Sexualität benutzt, um einem Gefühl des Mangels, zu entkommen, droht sich dieser zu verschärfen. Eine Patientin erzählte mir kürzlich: »Jedes Wochenende gehe ich auf die Piste und lande mit einem anderen Mann im Bett.« – »Was fühlen Sie dabei?«, fragte ich sie. »Ich fühle mich und baue Spannungen ab.« – »Ich fühle mich, oder ich fühle mich gut?«, fragte ich. Ihre Antwort: »Ich fühle mich kurzfristig gut, und dann brauche ich sehr viel Rotwein oder Wodka.«

Nicht zuletzt kann Sexualität deinem Ego gehörig Zucker geben. Wenn du Bestätigung über das Begehren anderer Menschen erfährst, wird sich vielleicht Stolz in dir regen, das Gefühl, besser zu sein als andere. Immer, wenn du dich als Person über andere erhebst, beschädigst du die Verbindung zu ihnen und dir selbst, schürst damit das Gefühl von Trennung und letztlich Angst. Jeder Ego-Trip führt am Ende nur zu einem: zu Dukkha.

Der heilsame Umgang mit Sexualität

Wie können wir also auf heilsame Art mit unserer Sexualität umgehen, so dass sie nicht unser Dukkha unterstützt, sondern dazu beiträgt, dass Bewusstheit und Klarheit anwachsen?

Entscheidend ist, dass du Sexualität und Spiritualität nicht als verschiedene Aspekte deines Lebens betrachtest:

hier das erhabene Meditationszentrum, dort das profane Bett. »Mach dein ganzes Leben zu einem Heiligtum«, sagt der indische Weise Nisargadatta Maharaj. Er meint damit: Beziehe alles in deine Praxis ein!

Mach also auch die Sexualität zu etwas Heiligem. Verbinde Erotik und Sexualität mit Liebe, Mitgefühl und Mitfreude. Ein Gerüst, an dem du dich ausrichten kannst, bieten die Tugendregeln, deren Umsetzung auf Rücksichtnahme und Einfühlsamkeit beruht sowie auf der Bereitschaft, Verantwortung für das eigene Tun zu übernehmen. Sexuelle Wünsche solltest du nicht ausleben, wenn sie anderen schaden würden. Verurteilen solltest du aber auch diese Wünsche nicht. Bewertungen verhindern *immer* Einfühlung und Verständnis.

Das Begehren spüren

Statt deine Wünsche zu bewerten, kümmere dich um Klarheit über deine zugrundeliegenden Bedürfnisse nach Nähe und Bestätigung.

Kultiviere dafür einen achtsamen Umgang mit deiner Sexualität. Das bedeutet: Lass dich nicht von ihr vereinnahmen. Wenn Begehren aufkommt, versuche direkt zu erleben, wie sich die sexuelle Energie in deinem Körper entfaltet. Erspüre dein Verlangen zunächst, ohne es durch Gedanken und Phantasien zu nähren. Spüre die rein körperliche Qualität dieser Empfindungen, unabhängig vom Anlass, zum Beispiel Druck, Wärme, Bewegung. Verändert sich etwas, wenn du das Verlangen spürend akzeptierst?

Akzeptiere auch liebevoll, wenn du kein Verlangen spürst. Übe Achtsamkeit auf das Begehren am besten zunächst in Zeiten sexueller Abstinenz. Gönne dir solche Zeiten auch dann, wenn du in einer Beziehung lebst. Halte also immer wieder einmal inne und spüre achtsam dem Begehren nach.

Ein Moment des reinen Spürens ist ein Moment ohne Gedanken. Du wirst merken, es sind die Gedanken, die dich immer wieder in Schwierigkeiten bringen. Sie gehen in Widerstand zum Hier und Jetzt, binden dich an die Vergangenheit oder eine vermeintliche Zukunft, transportieren Vorwürfe oder Befürchtungen: »Ich hätte ihn ansprechen sollen.« – »Warum bin ich immer noch solo?« – »Ich werde nie wieder eine Partnerin finden.« – »Ohne Sex kann ich nicht glücklich sein.« Du identifizierst dich mit solchen Gedanken und schenkst ihnen Glauben. Daraus erwächst entweder direkt Unzufriedenheit, oder es entstehen Erwartungen, auf die dann oft Enttäuschungen folgen – und damit ebenfalls Unzufriedenheit.

Reines Spüren durchbricht den Prozess der Identifikation.

Ein Moment der Achtsamkeit, des reinen Spürens, durchbricht den Prozess der Identifikation und führt zur Läuterung. Du kannst erkennen: Ich bin nicht identisch mit meinen Gedanken und Gefühlen. Sie gehören zu mir, aber ich muss ihnen nicht folgen. Die Lust und die Erwartungen sind ein Teil von mir, aber ich bin viel mehr. In diesem Moment löst du dich aus der Identifikation. Jeder Moment ohne Identifikation ist ein Moment der Erfüllung.

An diesem Punkt hast du die Wahl, ob du deiner sexuellen Energie weiter folgen und sie ausleben möchtest oder nicht.

Welche Arten von Sex sind »okay«?

Als buddhistischer Lehrer werde ich häufig gefragt, welche Arten von Sex aus buddhistischer Sicht in Ordnung sind und welche nicht. Ist Selbstbefriedigung akzeptabel? Was ist von Homosexualität zu halten? Darf ein Buddhist One-Night-Stands haben? Ist es okay, wenn mein Partner und ich uns einvernehmlich Schmerz zufügen? Was sagst du zu einer Dreierbeziehung? Und was ist mit Pornos? Diese Liste ließe sich unbegrenzt fortsetzen.

In den Worten des Buddha finden wir keine konkreten Ausführungen zum Umgang mit Sexualität. Die meisten Lehrreden sind an Mönche und Nonnen adressiert, dementsprechend gibt es eine Reihe von Anleitungen, wie sich sexuelles Begehren überwinden lässt. Diese Anleitungen sind für Nicht-Ordinierte nur bedingt geeignet.

Was also würde der Buddha uns sagen, käme er heute in unsere westliche Welt? Den Antworten können wir uns nähern, indem wir schauen, was der Buddha uns *prinzipiell* riet. Ich denke, wir können davon ausgehen, dass er keine Liste mit richtigen und falschen Praktiken aufstellen würde. Stattdessen würde er betonen, dass die Umstände und die innere Haltung entscheidend sind. Mit ziemlicher Sicherheit würde er dann zunächst auf die Tugendregeln verweisen, die allesamt Liebe und Herzlichkeit in den Mittelpunkt stellen.

Wenn du Sexualität leben möchtest, frage dich also immer als Erstes, ob du damit anderen oder dir selbst schadest. Haben wirklich alle Beteiligten Lust darauf oder ist unterschwelliger Druck im Spiel? Weiß der andere, worauf er sich einlässt? Bricht einer von euch ein Versprechen, das er jemand anderem gegeben hat? Habt ihr an mögliche Folgen wie Schwangerschaft oder eine HIV-Infektion gedacht? Wirst du morgen früh bereuen, was du gerade tun möchtest?

Versuche, diese Fragen nicht nur mit dem Verstand zu beantworten, sondern die möglichen Folgen auch zu erspüren. Opfere nie langfristige Zufriedenheit kurzfristigem Vergnügen. Hast du das Gefühl, dass die Situation stimmig ist? Ist Liebe im Spiel?

Gelegentlich hört man die Auffassung, bestimmte sexuelle Handlungen seien aus buddhistischer Sicht schon allein deswegen schädlich für die eigene Entwicklung, weil man damit die Anhaftung stärke, also die emotionale Abhängigkeit von Sexualität. Tatsächlich können angenehme Sinneserlebnisse dazu führen, dass wir sie immer wieder erleben möchten, also Anhaftung hervorrufen. Das ist aber kein stichhaltiges Argument gegen Sexualität an sich. Vor der Fixierung auf Glücksmomente in der Sexualität kann uns nämlich die Bewusstheit schützen. Wenn wir achtsam mit der Sexualität umgehen, wird sich unsere Abhängigkeit nicht verschärfen, sondern langsam lösen.

Du erkennst dann auch, wenn du Erwartungshaltungen nährst und dabei immer unglücklicher wirst, statt Befriedigung zu erfahren. Achte dabei auch darauf, welche äußeren Einflüsse dein Begehren verstärken. Das können zum Beispiel bestimmte Orte, Websites, Medien oder auch Pornos sein. Entscheide dich bewusst, was du an dich heranlassen willst, und beobachte dann, wie sich dein Empfinden verändert.

Wenn du dein Handeln ganz und gar mit Achtsamkeit durchtränkst, erlangst du das, was der Buddha Wissensklarheit nennt. Immer klarer wird dir, aus welchen Motiven du handelst und welche Folgen dein Handeln für dich und andere hat.

Wenn du dein sexuelles Handeln an den Tugendregeln ausrichtest, es von Liebe getragen und mit Achtsamkeit durchtränkt ist, erübrigt sich die Frage, welche Arten von Sexualität »okay« sind. Du wirst darauf deine ganz persönliche Antwort finden.

»Liebe, und dann tue, was du willst.«

Oder in den Worten des christlichen Kirchenlehrers und Philosophen Augustinus: »Liebe, und dann tue, was du willst.«

Der Weg in die Freiheit

Mit der Zeit wird dir immer klarer werden: Wenn du in der Sexualität Zuflucht suchst, zementierst du das Gefühl der Trennung und des Mangels, bleibst abhängig, in ständigem Unfrieden mit der Situation. Du reduzierst dich auf dein Begehren und deinen Partner auf die Aufgabe, es zu befriedigen.

Der Buddha hat sinngemäß gesagt: So lange du dich als

begehrenden Mann oder begehrende Frau siehst, so lange wirst du leiden. Sobald du dein wahres Wesen – bedingungslose Liebe, Verbundenheit – erkennst, wirst du diese Rollen ablegen.

Um Missverständnissen vorzubeugen: Sexuelle Vorlieben und Abneigungen werden dich noch lange begleiten. Versuche nicht, sofort alles im Griff zu haben, das wäre nur eine andere Form des Widerstands gegen dein Begehren. Bedürftigkeit ist ein natürlicher Teil deines Lebens. Nie führt dich die Lehre des Buddha in den Kampf gegen deine Gefühle und Wünsche. Sie will dir im Gegenteil helfen, im Einklang damit zu wachsen, die Fesseln allmählich zu lockern.

Bewusstheit und Liebe brauchen nichts. Und weil sie nichts brauchen, kann der Tanz beginnen – sich annähern, sich einlassen, zulassen, eins werden. Kein Denken, kein Manipulieren, nur fühlen. Du weißt nicht mehr, wo du aufhörst und der andere Mensch anfängt. Wahre Intimität kennt keine Grenzen, geht über den Partner, die Partnerin hinaus.

Sexualität kann dir also helfen, in jeder Hinsicht über dich hinauszuwachsen. Oder in den Worten von Henry Miller: »Einige führt Sexualität zur Heiligkeit, für andere ist sie der Weg in die Hölle. Es kommt ganz auf den persönlichen Zugang an.«[20]

---

20 Henry Miller: *Die Welt des Sexus,* Reinbek: Rowohlt 1995

8. Eifersucht durchschauen

In meiner Schulzeit hatte ich viel mit Eifersucht und Neid zu tun. Ich war dick, schwitzte viel und hatte oft fettige Haare. Mein bester Freund war schlank und sportlich und hatte dunkle Locken, die ihm bis auf die Schultern reichten. Bei den Mädchen kam er sehr gut an. Und ich? Überhaupt nicht! Im Sportunterricht erkoren die Lehrer immer zwei von den besonders erfolgreichen Jungs als Spielführer aus, die sich ihre Mannschaften zusammenstellen durften. Sie musterten uns und wählten aus. Wer blieb übrig? Die drei Dicken. Ich war einer von ihnen. Wir wurden am Ende immer einer der beiden Mannschaften zugewiesen und bekamen gesagt: »Bitte bewegt euch wenig, richtet möglichst wenig Schaden an.« Da blieb es nicht aus, dass ich die sportlichen Jungs beneidete und mir wünschte, einer von ihnen zu sein.

Die vielen Facetten von Eifersucht und Neid
Viele von uns haben ähnliche Erfahrungen gemacht oder sind in anderer Weise den Gefühlen von Eifersucht und Neid schon früh in ihrem Leben begegnet. Eifersucht und Neid sind eng verwandt. Beide sind Reaktionen auf einen inneren Mangel, den wir bekämpfen.

In Beziehungen ist Eifersucht ein häufiges Problem, aber sie kommt nicht nur dort vor. Wir können zum Beispiel auch eifersüchtig auf die Beliebtheit anderer sein, auf ihre soziale Stellung, auf die Nähe Einzelner zum spirituellen Lehrer. Wir können neidisch sein auf das Aussehen eines Menschen, auf Können und Kompetenz, auf Kreativität, auf beruflichen Erfolg, die tollen Kinder anderer Leute.

Es ist wichtig zu erkennen, welche Gesichter Eifersucht und Neid annehmen können, und zu untersuchen, welche Auswirkungen auf unser Denken, Sprechen und Handeln daraus erwachsen. Wenn du eifersüchtig bist, schaust du beim anderen auf das, was du nicht hast oder bist. Was du selbst hast oder bist, siehst du in diesem Moment nicht. Aufgrund dieser Wahrnehmung fühlst du dich zurückgesetzt, klein, minderwertig. Vielleicht sind dies für dich sehr vertraute Gefühle, die auf alte Prägungen zurückgehen und immer wieder wach werden.

Eifersucht hat viele Gesichter.

Aus einer eifersüchtigen oder neidischen Wahrnehmung heraus entstehen die unterschiedlichsten Reaktionen. Vielleicht scheust du Kontakt, ziehst dich zurück, vermeidest Beziehungen, lässt niemanden an dich heran. Du lässt Nähe nicht zu, stattdessen bleibst du immer ein bisschen in der Distanz.

Möglicherweise neigst du aber auch dazu, andere zu verleumden oder schlecht über sie zu sprechen. »Du hast ja keine Ahnung, was das für einer ist – wenn du wüsstest, was ich weiß!« Und dann kommen Halbwahrheiten, die den anderen herabsetzen und dich aufwerten sollen. Um

Eifersucht und Neid auszuhalten, machst du andere kleiner und dich damit größer.

Vielleicht kreierst du auch eine Form der Abhängigkeit, die dem oder der andern nicht die Luft zum Atmen lässt. Unser Verstandesbewusstsein ist in dieser Hinsicht sehr erfinderisch. Dann schaffst du zum Beispiel einen Käfig der Zweisamkeit zu Hause, und er darf keinen Schritt tun ohne deine Erlaubnis. Er muss sozusagen erst einen Antrag stellen, wenn er mal abends allein ein Bier trinken gehen will. »Na gut, aber um 10 bist du wieder zurück!« – »Und wenn nicht?« – »Das wirst du dann schon sehen.«

So deutlich wirst du dich vielleicht nicht äußern. Deine Strategien, um den anderen am »Ausbrechen« zu hindern, sind im Laufe der Zeit immer geschickter geworden. Deine attraktiven Freundinnen oder Freunde lädst du nicht mehr zu euch nach Hause ein. Und andere, die ein wenig näher kommen, siehst du als potenzielle Gefahr, die dir etwas wegnehmen könnten.

Eifersucht zerstört Vertrauen

Eifersucht und Neid sind Zustände der Enge, die keine Offenheit zulassen. Sie können Beziehungen belasten oder sogar zerstören. Das gilt nicht nur für partnerschaftliche Beziehungen. Freundschaften können ebenso Schaden nehmen, und auch im Berufsalltag entfalten Eifersucht und Neid oft ihre destruktiven Auswirkungen. Vielleicht hast du schon einmal erlebt, wie durch ihr ätzendes Gift Vertrauen beschädigt wird.

Möglicherweise hast du auch schon mal in einer Beziehung gelebt, die sehr von Eifersucht geprägt war. Wie oft habt ihr euch vorgenommen, verloren gegangenes Vertrauen wiederherzustellen, und dann kam erneut eine spitze Bemerkung, die alles in Frage stellte? Wie belastend und weit weg von Großzügigkeit, Toleranz und Güte sind solche Situationen. Wie beengt lebst du in deiner Eifersucht und sperrst den anderen gleich mit in dein Gefängnis ein!

Häufig wurzelt Eifersucht in Selbstzweifeln. Deine Muster und Prägungen von schwachem Selbstwertgefühl werden in bestimmten Situationen aktiviert, Minderwertigkeitsgefühle kommen auf, ein Gefühl, ausgeschlossen zu sein. Deine Partnerin oder dein Partner tauscht Vertrautheiten mit einem anderen Menschen aus. Wie fühlst du dich dann? Hast du das Gefühl, du solltest nicht dabei sein? Auf die Frage: »Darf ich dabei sein, darf ich zuhören?«, würden vermutlich beide sagen: »Ja, natürlich!« Aber deine Wahrnehmung ist eine andere: »Ich bin ausgeschlossen, ich sollte jetzt besser gehen … Aber warte nur, wenn du nach Hause kommst!«

Eine häufige Strategie ist dann die Abkapselung. Wenn sie nach Hause kommt, bist du schon längst im Bett und am nächsten Morgen sagst du auch keinen Ton. Sie weiß überhaupt nicht, warum du sie anschweigst, was geschehen ist. »Was ist mit dir?« – »Nichts«, sagst du dann und wendest dich ab.

Vielleicht kennst du sogar Beziehungen, in denen aus Eifersucht Gewalt angewendet wird. Eine meiner erschütterndsten Erfahrungen in meiner Jugend hatte mit Eifersucht zu tun. In unserem Dorf – das für mich eine heile Welt darstellte – erschlug ein junger Mann einen anderen. Zu jener Zeit waren gerade Bundeswehrsoldaten im Ort. Bei einer Tanzveranstaltung tanzte die Freundin dieses jungen Mannes den ganzen Abend mit einem der Soldaten. Und nicht nur das, sie flirtete auch mit ihm und schließlich brachen beide auf, um zu ihr nach Hause zu gehen. Der junge Mann schlich hinter ihnen her, und auf der Dorfstraße brach er eine Latte aus einem Zaun und schlug den anderen Mann tot.

Das ist ein extremes Beispiel, wie Eifersucht weiteres Dukkha schafft. Doch ein Blick in die Zeitung zeigt, wie nahezu alltäglich es ist, dass Eifersucht und Neid zu schwerem Leid führen. Wie kann das sein? Was ist das für eine Kraft, die dahinter steckt?

Eifersucht und Neid schaffen immer Trennung

Eifersucht und Neid sind nie angenehme Zustände und rufen meistens unangenehme Entwicklungen hervor. Die Wahrnehmung ist dabei auf einen bestimmten Aspekt reduziert.

Eifersucht verengt deine Wahrnehmung.

Aus einer verengten Wahrnehmung heraus ziehst du leicht falsche Schlüsse, aus falschen Schlüssen folgen unheilsame Verhaltensweisen.

Eifersucht und Neid schaffen Trennung. Dabei steht eigentlich der Wunsch dahinter, mit jemandem verbunden zu sein beziehungsweise die Angst, diese Verbindung zu verlieren. Je mehr du aber jemand anderen brauchst, dicht bei dir brauchst, desto bedrohlicher sind für dich die Freiräume, die sich der andere nimmt. Und je weniger Vertrauen da ist, dass er die Freiräume nicht ausnutzt, desto mehr wirst du versuchen, den anderen Menschen einzuschränken, ihm vorzuschreiben, was er darf und was nicht.

Wenn du ihn bedrängst, wird der andere aber mit der Zeit eher abrücken und sich von dir wegbewegen. Dann erlebst du möglicherweise die Wiederholung von etwas, das du bereits in früherer Zeit erlebt hast: Der geliebte Mensch geht auf Distanz. Dann fühlst du dich unverstanden und hintergangen, dein Partner fühlt sich eingeschränkt, angekettet und ungerecht behandelt. Vielleicht trennt er sich irgendwann von dir. Du erlebst genau das, was du nicht willst: Trennung statt Verbindung.

Natürlich kann es sein, dass der Mensch, mit dem du zusammen bist, Grenzen überschreitet, Vereinbarungen bricht und sich zum Beispiel mit jemand anderem einlässt. Richte darum deine Aufmerksamkeit auch auf die Frage, ob du aus Eifersucht fürchtest, dass etwas nicht stimmt, oder ob du zu der Einsicht gekommen bist, dass es tatsächlich so ist. Wenn du vermutest, dass die Beziehung möglicherweise nicht stark genug ist oder wenn du in deinem Partner nicht die Stärke erkennst, einer Versuchung zu widerstehen, kannst du die Bitte formulieren, er möge etwas Bestimmtes nicht tun.

Eifersucht ersehnt Verbindung, doch schafft Trennung.

Eifersucht und Neid auflösen

Gibt es Möglichkeiten, Eifersucht und Neid nicht immer wieder anwachsen zu lassen, sondern die Wurzeln dieser Gefühle aufzulösen?

Vorausgeschickt sei, dass ich ein gewisses Ausmaß an Eifersucht als normal empfinde und glaube, dass sie manchmal in einer Beziehung auch durchaus konstruktiv sein kann. Es kann dich wacher werden lassen. So kannst du bewusster umgehen mit Dingen, denen du in deiner Beziehung bisher vielleicht nicht genügend Beachtung geschenkt hast.

Normal ist meiner Ansicht nach auch, dass wir, die wir nicht vollkommen erleuchtet sind, in manchen Situationen das Glück anderer nur schwer ertragen können. Es gibt solche Momente im Leben, in denen wir uns im Mangel fühlen, und dann erleben, wie jemand anderem alles zufällt. Dieser Mensch hat all das, was wir so gerne hätten. Dann ist es für mich ein normales Erleben, Eifersucht und Neid zu empfinden. »Freu dich doch mit ihm!«, sagt uns dann vielleicht auch noch jemand, und wir fühlen uns unverstanden. Mitfreude in einer solchen Situation zu praktizieren bedeutet eine Überforderung. Es ist wichtig, die eigenen Gefühlsregungen, auch Eifersucht und Neid, zu akzeptieren. Was du nicht akzeptierst, kannst du nicht verstehen. Und wie willst du deine Eifersucht auflösen, wenn du sie nicht verstanden hast?

Eifersucht auflösen durch weises Erkennen

Der Buddha sagt: »Übler Neid ist weder durch Taten noch durch Worte zu überwinden, sondern durch wiederholtes, weises Erkennen.«[21] Das dürfen wir auch auf Eifersucht beziehen.

Um Eifersucht und Neid zu durchschauen, fangen wir am besten bei der Wurzel an. An der Wurzel der Eifersucht steckt Angst – Angst, jemanden zu verlieren, nicht genügend zu bekommen oder nicht dazuzugehören.

Wer früh in seinem Leben traumatische Trennungen erfahren hat, wird vermutlich immer wieder mit Verlustängsten zu tun haben. Wurde in deiner Kindheit die Erfüllung von Grundbedürfnissen, zum Beispiel nach Liebe und Geborgenheit, nur dann erfüllt, wenn du den Vorstellungen deiner Eltern genügtest und bestimmte Leistungen erbrachtest, dann mag es für dich heute ganz wichtig sein, dass dein Partner immer ganz nah bei dir ist und dir ständig sagt, wie liebenswert du bist. Du willst ihn und seine Nähe stets spüren können, um dich sicher zu fühlen.

Hast du in früher Zeit viel Abwertung erlebt, wirst du heute wahrscheinlich Schwierigkeiten haben, Selbstwertschätzung zu entfalten. Wenn du hingegen *Selbstachtung und Selbstwertschätzung entziehen der Eifersucht den Boden.* früher viel Wertschätzung erlebt hast, wird es dir sicherlich leichter fallen, liebevoll mit dir umzugehen und dich selbst wertzuschätzen.

21 »Wege der Überwindung«, *Angereihte Sammlung,* X.23, Bielefeld: Aurum Verlag 1984

Auf unserem Entwicklungsweg ist es von großer Bedeutung, dass wir unsere »Schatten« erkennen und sie uns eingestehen. Mit den eigenen Unvollkommenheiten zu praktizieren ist zunächst nicht die vergnüglichste aller Übungsweisen, aber es ist der einzige Weg zu großer und nachhaltiger Entlastung. Der Buddha vergleicht die Unvollkommenheiten in unserem Geist mit Flecken in einem Tuch. In der entsprechenden Lehrrede[22] fragt er die Anwesenden: »Glaubt ihr, dass aus diesem fleckigen Tuch die Flecken entweichen, wenn man es einfach überfärbt?« Und gibt selbst die Antwort: »Das Tuch nur zu färben wird nicht verhindern, dass die Flecken immer wieder durchkommen. Das Tuch mag dann blau, gelb, rot oder rosa sein, es hat dennoch immer diese Flecken.«

Es gibt viele verschiedene Arten, das Tuch zu färben, um unsere »Befleckungen« – in buddhistischem Vokabular: Kilesas – loszuwerden. Eine beliebte Strategie ist der Versuch, ihnen auszuweichen, indem wir äußerlich etwas verändern: uns eine andere Beziehung suchen, in eine andere Stadt ziehen, einen anderen Beruf ausüben. Aber ist es damit getan? Natürlich nicht. Wenn du dir aus Eifersucht eine neue Beziehung suchst (»Ich brauche einen Partner, bei dem ich mich sicher fühlen kann«), wirst du wahrscheinlich bald wieder ähnliche Gefühle erleben. Deine persönlichen Flecken, die du in diese Beziehung eingebracht hast, wirst du in die nächste mitnehmen. Und auch die neue Partnerin wird ihre Flecken haben.

22 »Das Gleichnis vom Tuch« (Vatthupāma Sutta), *Mittlere Sammlung* I.7, Uttenbühl: Jhana Verlag 2012

Uns die eigenen Schatten eingestehen

Unsere Kilesas können wir nicht einfach hinter uns lassen, aber wir können sie nach und nach auflösen. Es geht darum, dass wir ein Gewahrsein entwickeln für unsere eigenen Reaktionsweisen, für die dahinter stehenden Bedürfnisse und schließlich dafür, ob die Reaktionsweisen wirklich zur Stillung der Bedürfnisse führen.

Vielleicht hast du von Sigmund Freuds Theorie gehört, dass es in jedem Menschen eine bewusste und eine tief im Dunkel liegende unterbewusste Ebene gibt, aus der Impulse ins Bewusstsein treten, die unser Verhalten und unsere Absichten steuern. Dann glaubst du möglicherweise, du bräuchtest eine mühevolle, jahrelange Therapie, um Zugang zu diesen Impulsen zu bekommen. Um Missverständnissen vorzubeugen: Ich bin überzeugt, dass Psychotherapien sehr hilfreich sein können und oft notwendig sind. Zu den meisten Gefühlen und inneren Mustern, die dein Verhalten steuern, hast du aber auch einen wunderbaren Zugang durch die Achtsamkeitspraxis. Es ist nicht so schwierig, sie wahrzunehmen, wie du vielleicht denkst. Viele Psychotherapien integrieren heute übrigens die ursprünglich buddhistische Achtsamkeitspraxis.

Eifersucht erkennen und spüren

Achtsamkeitspraxis ermöglicht dir, Gefühle der Eifersucht zu erkennen. Akzeptiere, dass du Eifersucht empfindest. Eifersucht weg haben zu wollen ist Ausdruck von Widerstand, und Widerstand kostet nicht nur Energie, sondern verstärkt im Allgmeinen das, wogegen du angehst. Praktiziere zunächst Körpereinfühlung: Wo ist die Eifersucht am deutlichsten spürbar im Körper? Wie fühlt sie sich an? Zuwenden, spüren, annehmen – das sind die ersten Schritte.

Achtsamkeit befreit aus dem Gefängnis der Eifersucht.

Bei der Körpereinfühlung passieren drei wünschenswerte Dinge:

1. Indem du die körperlichen Empfindungen spürst, die mit der Eifersucht einhergehen, nimmst du Verbindung mit dem Körper auf und kappst die Verbindung zu Gedanken und Emotionen, nährst sie nicht weiter. Eifersucht wird von Gedanken in Gang gehalten. Du weißt vermutlich, wie kreativ du darin bist, dir Horrorszenarien auszumalen, wenn deine Liebste abends nicht nach Hause kommt ...

2. Bewusstheit in Bezug auf Eifersucht entpersönlicht dieses Gefühl. Aus »meiner« Eifersucht wird Eifersucht. Auf diese Weise reduzierst du deine Reaktivität, nämlich auf eine für dich typische Art, aus »deiner« Eifersucht heraus zu handeln. Wenn du das Gefühl annimmst und erforschst, wo es körperlich am deutlichsten spürbar ist, entsteht in deiner Wahrnehmung ein Raum um dieses Gefühl herum. Nun kannst du erkennen, was die Eifersucht ist, nämlich ein Konglomerat aus Gefühlen, Gedanken, Handlungsimpulsen und Bedürfnissen. Über das Gefühl hinauswachsend, erfährst du, dass es im sel-

ben Moment noch viel mehr gibt als dieses Gefühl. Das ist der erste Schritt, um den Knoten zu lösen, der dieses Gebilde zusammenhält. Du erlebst, dass dir ganz in der Tiefe etwas fehlt. Du hörst jetzt die Stimme der Sehnsucht. Und du erkennst auch, dass keine Person, kein Umstand diese Sehnsucht je wird stillen können. Darauf zu drängen, dass ein anderer Mensch ganz nah bei dir bleiben solle, ist nicht die passende Antwort darauf.

3. Wenn du siehst, dass diese Ursehnsucht hinter jeder Verlustangst steht, kannst du erkennen, dass sie zu unserem Menschsein gehört.

Bleibe dieser Sehnsucht treu, aber versuche nicht mehr, sie zu stillen, indem du an der Oberfläche agierst. Einfühlung, Fühl- oder Spürbewusstsein bringen dich in Verbindung zum Ganzen.

Gedanken sind nicht die Wahrheit

Im Fühlmodus nimmst du also den Gedanken die Macht und du erkennst, was sie wirklich sind: unpersönliche Erscheinungen mit persönlichen Inhalten. Sie sind bedingt entstanden und vergehen. Keinen kannst du festhalten. Letztlich sind sie wie Energiewolken, die du einfach durchziehen lassen kannst. Und sie sind lediglich Gedanken, du bist nicht an sie gebunden. Verwechsele Gedanken nicht mit der Wahrheit! Beachte zugleich: Es geht nicht darum, gegen Gedanken anzukämpfen, sie also loswerden zu wollen, sondern darum, sich nicht von ihnen besetzen zu lassen. Selbst die Eifersucht nährenden Gedanken sind kein Problem an sich. Sie werden erst zum Problem, wenn du dich mit ihnen identifizierst. Wenn du sie glaubst und für die Wahrheit hältst, führst du der Eifersucht Energie zu. Frage dich lieber, auf welche Bedürfnisse sie dich hinweist.

Lässt du dich weiterhin unbewusst von den Kilesas bestimmen, folgst also im Umgang mit der Eifersucht deinen bisherigen Strategien, handelst du gegen deine tieferen Bedürfnisse.

> Besetzt von Eifersucht, handelst du gegen eigene Bedürfnisse.

Dies gilt es zu durchschauen und Bewusstheit zu entwickeln: Was geschieht gerade in mir? Was ist aktiv und was entsteht daraus? Ich verharre in der Opferhaltung, und ich handle zu meinem eigenen Schaden, und diese Verbindung möchte ich nicht mehr; ich möchte sie durch mein Verhalten nicht weiter stärken. Erst wenn du erkennst, wie Eifersucht meist zu unheilsamen Handlungsstrategien führt, verstehst du, dass du die Wahl zu einem anderen Verhalten hast.

Du hast die Wahl

In seiner Lehrrede »Zwei Arten von Gedanken«[23] erklärt uns der Buddha, dass wir in jeder Situation die Wahl haben: Wir können unsere unheilsamen Gedanken weiter verfolgen oder sie umlenken auf etwas Heilsames. Es gibt weitere Wahlmöglichkeiten, konkrete Dinge, um die du dich küm-

---

23 »Zwei Arten von Gedanken« (Dvedhāvitakka Sutta), *Mittlere Sammlung* I. 19, Uttenbühl: Jhana Verlag 2012

mern kannst: ein guter Freundeskreis, gute Verbindungen zu Menschen, die einen ähnlichen spirituellen Weg beschreiten wie du, Freizeitaktivitäten, die dir auch ohne den Partner Spaß machen. Ob nun im Meditationszentrum, in der Natur oder beim Sport, kümmere dich um Erfahrungen, die nicht abhängig sind von deiner Beziehung. Kümmere dich darum, mit Hilfe geeigneter Anleitungen Selbstvertrauen zu entwickeln, denn hinter der Eifersucht steckt in der Tiefe immer ein geschwächtes Selbstvertrauen. Folge Anleitungen, die Großzügigkeit, Achtsamkeit und deine ethischen Grundsätze stärken – also alles, was dir hilft, Verbundenheit zu erleben, und dir Freude bereitet.

Die Fülle in sich selbst erleben

Bei mir selbst haben Eifersucht und Neid mit der spirituellen Praxis immer mehr abgenommen. Da Eifersucht ein Zustand des Mangels ist, verflüchtigt sie sich mit dem Erschließen innerer Fülle.

Halte also immer wieder inne und schau, wann du Mangel empfindest und was du brauchst. Was brauchst du, damit du nicht vom Mangel und den daraus erwachsenden Emotionen und Gedanken kontrolliert und beherrscht wirst? Gibt es wahre Sicherheit? Wenn ja, wo?

Aus der inneren Fülle heraus ist es auch leichter, die negativen Folgen der Eifersucht zu erkennen und die entscheidenden Fragen zu stellen: Was gehört mir denn wirklich? Gehört mir mein Partner, meine Partnerin? Gehören mir meine Beziehungen? Gehört mir die buddhistische Gemeinschaft, in der ich praktiziere? Gibt es überhaupt etwas, das mir wirklich gehört?

Was der Schriftsteller Khalil Gibran über Kinder sagt, gilt ebenso für alle anderen Menschen, mit denen wir in Beziehung stehen: »Eure Kinder sind nicht eure Kinder. Sie sind die Söhne und Töchter von des Lebens Verlangen nach sich selbst. Sie kommen durch euch, aber nicht von euch, und obwohl sie mit euch sind, gehören sie euch doch nicht.«[24]

Nichts gehört mir. Das zu verstehen ist ebenfalls eine Frucht spiritueller Praxis, vielleicht verbunden mit einem kurzen Moment der Hilflosigkeit. Doch irgendwann wirst du erfahren: Alles ist in mir. Wahre Erfülltheit kann ich nur in mir selbst erfahren.

24 Khalil Gibran: *Der Prophet,* München: dtv 2002

9. Mit Schuldgefühlen umgehen

Du hast mein Leben zerstört!« Dieser Satz fällt manchmal, wenn Beziehungen nach langer Zeit im Streit zu Ende gehen. Der eine gibt der anderen die Schuld für den Verlauf seines Lebens, für alles, was schief gegangen ist.

In weniger drastischer Form kommen Schuldzuweisungen in fast allen Beziehungen vor. »Das haben die Kinder von dir – du hast ihnen immer ein schlechtes Beispiel gegeben.« – »Ich habe meine Karriere für dich aufgegeben – und das habe ich nun davon.«

Hinzu kommen Schuldgefühle, die wir vielleicht schon seit langer Zeit mit uns herumtragen. Wie wirken Schuldgefühle auf uns selbst, auf andere und auf unsere Beziehungen?

Niemand ist perfekt

Kein Mensch verhält sich stets vollkommen. Ein durchgehend tadelloses Verhalten von sich oder anderen zu verlangen wäre vermessen.

Der Grund dafür liegt in unserer Wahrnehmung: Jeder von uns nimmt den anderen auf individuelle Weise wahr, abhängig vom Grad der Aufmerksamkeit, von den Gefühlen und Bedürfnissen, die gerade in uns lebendig sind, und einer Vielzahl weiterer Faktoren. Eine Wahrnehmung, die von wechselnden Faktoren abhängig ist, kann nicht alles einbeziehen. Aus unvollkommener Wahrnehmung kommen wir zu unvollkommenen Schlüssen über das, was wir wahrnehmen. Aus unvollkommenen Schlüssen erwächst unvollkommenes Verhalten. Und aus unvollkommenem Verhalten entstehen Verletzungen.

Wenn du dir vornähmest, ab heute keine Fehler mehr zu machen, dann würdest du dir daher etwas vornehmen, was du nicht einhalten kannst. Du kannst aber anstreben, nicht immer wieder die gleichen Fehler zu machen. In konflikthaften Situationen kannst du versuchen, sie so zu sehen, wie sie sind – ohne Schuldzuweisungen auszusprechen. Auf diese Weise kann Verständnis aufkeimen.

Schuldgefühle blockieren Verständnis.

Schuldgefühle verhindern Entwicklung

Verständnis kann allerdings nur schwerlich wachsen, wenn Schuldgefühle oder Schuldzuweisungen uns besetzen. Schuldgefühle belasten uns, verengen unsere Wahrnehmung, machen uns unglücklich und sind zugleich wie eine Fessel, die Entwicklung verhindert. Sie trennen dich von deinem inneren Reichtum, deiner Kreativität, von tieferen Dimensionen in dir ab.

Handelst du gegenüber deinem Partner, deiner Partnerin oder anderen Menschen aus Schuldgefühlen, wird auf Dauer deine Selbstachtung Schaden nehmen. Du gehst dir dabei selbst verloren, verlierst den Kontakt zu dir, handelst nicht aus dem Herzen heraus und nicht aus Einsicht darüber, was angemessen wäre. Weil sich das nicht gut anfühlt,

Handeln aus Schuldgefühlen beschädigt die Selbstachtung. baust du möglicherweise gegen diese Entwicklung zugleich inneren Widerstand auf.

Die Herkunft der Schuldgefühle

Schuldgefühle erwachsen aus schuldzuweisenden Gedanken. Damit haben viele Menschen seit frühester Kindheit zu tun. Nicht selten versuchen Eltern ihre Kinder zu bestimmten Verhaltensweisen zu motivieren, indem sie ihnen Strafen androhen oder ihnen Schuld zuweisen.

Wie oft habe ich Situationen wie diese erlebt: Während ich die Mutter behandle, räumt das Kind ihre Tasche aus, verstreut die Kekse auf dem Boden, öffnet alle Schubladen. Die Mutter wird nervös und sagt: »Hör jetzt auf! Wenn du so weiter machst, dann bekommst du nachher kein Eis.« Das ist eine Strafandrohung.

Wenn das nicht funktioniert – und im Allgemeinen tut es das nicht, denn das Kind hat solche Androhungen schon oft gehört –, kommt die Schuldzuweisung ins Spiel: »Weil du so ungezogen bist, hat Mama jetzt Kopfschmerzen.«

Auch Eltern haben in Bezug auf ihre Kinder vielfach mit Schuldgefühlen zu tun. Selbst wenn uns nichts so sehr am Herzen liegt wie das Wohl unserer Kinder, können wir nicht immer die Art der Zuwendung schenken, die sie brauchen. Manche Situationen überfordern uns und wir reagieren so, wie es uns in diesem Moment eben möglich ist. Erst im Nachhinein – oft viele Jahre später – erkennen wir, dass wir unsere Kinder verletzt haben, und fühlen uns deswegen schuldig. Dann haben unsere Kinder zusätzlich noch bedrückte Eltern, die ihnen wegen ihrer Schuldgefühle vielleicht sogar etwas vorjammern. Auf diese Weise helfen wir weder unseren Kindern noch uns selbst.

Manche Menschen tragen eine tiefe Prägung in sich, anderen gefallen zu müssen. Sie haben gelernt: Nur wer lieb ist, Erwartungen erfüllt, gute Leistungen bringt, bekommt Anerkennung und Wertschätzung. Ihr Selbstwertgefühl hängt in starkem Maße von der Beurteilung anderer ab. Solche Menschen können schwer »nein« sagen. Und wenn Sie dann doch einmal »nein« sagen, kommen sofort Schuldgefühle auf. Aus Schuldgefühlen sagen sie beim nächsten Mal wieder »ja« und meinen eigentlich »nein«.

»Ich schlafe mit meinem Mann, weil er es will. Eigentlich ist mir nicht danach, aber wenn ich mich ihm verweigere, wird er sehr ungehalten und ich empfinde dann Schuldgefühle.« Solche und ähnliche Berichte höre ich als Frauenarzt immer wieder.

Eine ganz besonders tragische Form von Schuldgefühlen erleben nicht selten Menschen, die in ihrer Kindheit oder Jugend Opfer sexueller Gewalt in ihrer Familie wurden. Oft glauben sie über Jahre, sie seien selbst für das Geschehen verantwortlich, und fühlen sich dementsprechend schuldig.

Auf der Suche nach Schuldigen

In schwierigen Situationen haben wir vielfach das dringende Bedürfnis, schnell einen Schuldigen zu finden. Wenn zum Beispiel jemand die Diagnose einer schweren Krankheit erhält, taucht meist sofort die Schuldfrage auf. Viele geben sich selbst die Schuld: »Ich hätte mich anders ernähren, weniger Alkohol trinken, mehr Sport treiben sollen.« – »Ich hätte mich in meiner Ehe anders verhalten sollen.« – »Ich hätte die Vorsorgeuntersuchungen machen sollen.« – »Ich hätte meine Wünsche nicht unterdrücken sollen.«

Oder die Schuldzuweisungen kommen von Besserwissern, die sagen: »Selbst schuld, habe ich dir doch gesagt. War ja absehbar bei deinem Lebensstil.«

Viele Menschen weisen die Schuld dem Arzt zu, bei dem sie vor einem halben Jahr zur Vorsorge waren, dem Partner, der sie nicht gut behandelt hat, den Eltern, die nach ihrer Auffassung ihre verkorkste Kindheit zu verantworten haben.

Mit all diesen Gedanken ist die Vorstellung verbunden, Leiden werde erträglicher, wenn es nur einen Schuldigen gäbe. Du glaubst, mit der Benennung eines Schuldigen, und sei es, dass du dich selbst zum Schuldigen erklärst, die Kontrolle zurückgewinnen zu können. Aber diese Strategie taugt nichts. Es wird nichts leichter, wenn du jemandem die Schuld gibst. Ganz im Gegenteil: Du entwickelst so zusätzlich noch eine Geisteshaltung, aus der Wut und Aversion entstehen – und damit ebenfalls Dukkha.

Viele Menschen sind sehr streng mit sich oder anderen. Wenn Schwierigkeiten auftreten oder Fehler passieren – und das ist unvermeidlich –, urteilt ihr innerer Richter schnell und unbarmherzig.

Verletzungen brauchen aber Einfühlung, Verzeihen und Verständnis, um abheilen zu können. Schuldgefühle lassen uns erstarren und verhindern genau diese Medizin. Wie würde es sich wohl anfühlen, wenn wir uns dem Schmerz, der Verletzung fürsorglich zuwenden könnten ohne Schuldzuweisung, ohne einen Schuldigen zu brauchen?

Akzeptanz ist der erste Schritt

Der Buddha hat gelehrt: Bevor du handelst, prüfe, ob in dir ein gewisses Maß an Güte und mitfühlendem Verständnis, an Mitfreude oder Gleichmut ist. Diese vier Qualitäten werden im Buddhismus als *Brahmavihara*, die vier höchsten Geisteszustände, bezeichnet. In dem Maße, in dem einer dieser vier Geisteszustände in dir gegenwärtig ist, kannst du unbesorgt handeln.

Schuldgefühle und mitfühlendes Verständnis sind Gegenpole, die sich ausschließen wie Wasser und Feuer, sie können nicht zur gleichen Zeit am selben Ort existieren. Schuldgefühle sagen: »Du wirst keinen Frieden finden, weil du dies oder jenes in der Vergangenheit getan hast.« Mitfühlendes Verständnis sagt: »Du wirst Frieden finden, wenn du deine Fehler und Schwierigkeiten akzeptierst und in Verständnis umwandelst.«

Indem du deine Fehler, die Verletzungen, die du anderen oder dir selbst zugefügt hast, erkennst und annimmst, sie bewusst fühlst und betrauerst, wird Veränderung möglich. Dazu musst du bereit sein, eine unangenehme, bedrückende Situation anzuschauen und anzunehmen: »Ja, so ist es, so ist die Situation jetzt. Ich spüre und erkenne auch, was du spürst.«

Du akzeptierst, dass Schmerzen und Verletzungen zum Leben gehören, nicht um sie damit zu verharmlosen, sondern einzig, damit Verständnis, Trauer und nachhaltige Veränderung möglich werden.

Wie nähren wir immer wieder Schuldgefühle?

Der Buddha lehrt, dass nichts ohne entsprechende Ursachen und Bedingungen entstehen kann. Nichts gedeiht ohne Nahrung. Demzufolge brauchen auch Schuldgefühle Nahrung, um zu gedeihen.

Es sind vor allem die schuldzuweisenden Gedanken, die Schuldgefühle nähren. Wie im Kapitel »Blockaden erkennen und auflösen« erläutert, führen moralische Urteile zu Trennung und blockieren Verständnis. »Du bist ein schlechter Mensch!« oder »Du bist zügellos!«, sind zum Beispiel moralische Urteile. Sie beinhalten einen Vorwurf und kein echtes Interesse.

Schuldzuweisende Gedanken nähren Schuldgefühle.

Wer solche Urteile über andere oder sich selbst fällt, setzt voraus, dass der Handelnde in der entsprechenden Situation über genügend Bewusstheit und Verständnis verfügte, um verschiedene Handlungsoptionen zu sehen und zwischen ihnen eine Wahl zu treffen.

Als junger niedergelassener Arzt war ich in der Geburtshilfe engagiert und hatte zugleich viel mit Krebspatienten zu tun. Demzufolge war ich sehr beschäftigt. Meine Tochter sagte damals einmal: »Bei Papa muss man schwanger sein oder krebskrank, dann hat er Zeit.« Ich sah die Verletzung hinter diesen Worten – eine Verletzung, für die ich die Verantwortung trug, und in mir entstanden lang anhaltende Schuldgefühle. Aber hatte ich damals wirklich die Wahl? Wenn eine krebskranke Frau in meinem Arztzimmer saß, sah ich nur eine Handlungsmöglichkeit: Ich musste mir für diesen Menschen Zeit nehmen. Und wenn bei einer Frau die Wehen begonnen hatten, musste ich hinfahren. Ich verletzte damit die Bedürfnisse meiner Kinder, die sich auf die gemeinsame Zeit mit mir gefreut hatten. Mit meinem heutigen Verständnis bedauere und betrauere ich die Verletzungen, die ich meinen Kindern zugefügt habe. Ich würde mich mittlerweile anders verhalten, aber damals sah ich keine alternativen Handlungsmöglichkeiten.

Bei schuldzuweisenden Gedanken vergessen wir sehr leicht, dass wir oder andere in einer bestimmten Situation keine Wahl hatten, zumindest die Wahl nicht erkennen konnten. Alle Menschen handeln aus bestimmten Prägungen heraus, haben in der Vergangenheit ihre tiefen Schrammen abbekommen und werden davon beeinflusst. In Beziehungen treten Prägungen und Verletzungen aufgrund der menschlichen Nähe überdeutlich zu Tage. Wenn unser Partner uns verletzt, tun wir gut daran, uns zu erinnern, dass er in diesem Moment vielleicht einfach keine bessere Möglichkeit sieht, seine Bedürfnisse anzumelden, oder dass er von zu starken Emotionen überwältigt wird. Hätte er wirklich die Wahl, sich heilsam zu verhalten, also Verbundenheit und Verständnis zu stärken, dann würde er es tun.

Vor einigen Jahren habe ich einmal an einem Kurs bei Patch Adams teilgenommen, dem berühmten Arzt, der auch als Clown wunderbare Arbeit im Gesundheitsbereich leistet. Er erzählte von seinem sehr guten Verhältnis zu seiner Mutter und schloss mit der Bemerkung: »Wenn ich einen Menschen sehe, der sich schlecht verhält, der andere verletzt, denke ich immer an meine Mutter. Und mir wird bewusst: Hätte dieser Mensch meine Mutter gehabt, würde er sich jetzt nicht so verhalten.«

Gekettet an die Vergangenheit

Schuldzuweisende Gedanken ketten dich stets an Vergangenes, schleppen dieses Vergangene in die Gegenwart und verhindern Entwicklung. Weil ich mich in der Vergangenheit falsch verhalten habe, halte ich die moralischen Urteile für gerechtfertigt, die ich selbst über mich fälle oder die andere über mich fällen. Damit erzeuge ich eine »schuldige« Gegenwart und schaffe so die Bedingungen, dass die Vergangenheit auch die Zukunft prägt und strukturiert.

Doch *bin* ich wirklich meine Fehler? Wir alle machen Fehler, aber gibt uns das das Recht, einander darauf zu reduzieren? Die Sterbeforscherin Elisabeth Kübler-Ross sagte einmal: »Ich bin nicht okay, du bist nicht okay, und das ist okay.« In dieser Sicht liegt große Weite, in der Verständnis aufkeimen kann. Eine solche Weite braucht der Geist, um verstehen zu können: »Es ist okay, es ist passiert, was passiert ist.« Nicht okay ist es, verletzendes Verhalten zu rechtfertigen, zu leugnen, zu verniedlichen oder zu wiederholen.

Wir brauchen keinen Schuldigen

Wie können wir Schuldgefühle nun auflösen und verhindern, dass sie immer wieder neu entstehen?

Zunächst müssen wir den Entschluss fassen, nicht weiter in halbbewusster Passivität zu verharren, sondern tätig zu werden, uns um die Gegenwart zu kümmern. Besonders eine schwierige Vergangenheit übt oft eine Sogwirkung aus, die dich immer wieder von der Gegenwart weg in alte Muster ziehen will. Diesem Sog kannst du wiederstehen, indem du dich in Selbstbeobachtung und Selbsteinfühlung schulst, körperliche Empfindungen wahrnimmst, Emotionen spürst.

Nur spüren, was ist, bringt Erleichterung.

Die Achtsamkeitspraxis führt dich in die Gegenwart. Gefühle kannst du immer nur in der Gegenwart spüren. An vergangene Gefühle kannst du dich bestenfalls gedanklich erinnern. Spüre, was in der Gegenwart in dir lebendig ist: deine Schuldgefühle, deine Hilflosigkeit, deine Unsicherheit, deine Angst, deine Wut. Spüre ohne Kommentare, ohne Beurteilung. Spüre nur, was ist!

Verankerst du dich bei Schuldgefühlen einfühlend in der Gegenwart, löst du dich aus dem Bezug zu Vergangenheit und Zukunft und erlebst unmittelbar Erleichterung. Es ist befreiend zu erkennen – weniger rational als auf einer tieferen Ebene –, dass du nicht weglaufen musst.

Wenn du dich deinem Erleben spürend stellst, gibt es keinen Raum mehr für die anklagende Stimmen: »Warum konnte das nur passieren?«, »Warum war ich so unvorsichtig?«, »Warum ist mir (oder dir) dieser unglaubliche Fehler unterlaufen?« Diese Fragen stellen sich nicht mehr. Kein Warum! Kein Wie-konnte-ich-Nur! Du brauchst keinen Schuldigen mehr. Es genügt, einen Moment zu spüren, was ist, den Schmerz auszuhalten. Annehmendes Fühlen ohne intellektuelle Erklärungen entzieht Schuldgefühlen die Nahrung und ermöglicht ein tieferes Verständnis.

Nimmst du das nächste Mal Schuldgefühle in dir wahr, dann achte auf den Impuls, der dazu führt, und die davon ausgehenden Gedanken: »Ich bin schuld.«, »Du bist schuld!«, »Die Regierung versagt.«, »Die Eltern haben mich verdorben.« Was auch immer. Spüre den Impuls, aber gib ihm nicht nach. Entscheide dich – und sei es nur für einen Moment –, auf einen Schuldigen zu verzichten. Schmerz ist erlebbar, und du brauchst keinen Schuldigen. Spüre einfach in diesem Moment, was ist.

Im nächsten Moment wirst du vielleicht merken, dass weitere Gedanken aktiv werden: »Aber es hätte anders kommen sollen!«, «Ich hätte es doch längst kapieren müssen«, »Habe ich denn gar nichts gelernt?« und so weiter. Immer, wenn du zu dir sagst, dass die Dinge anders hätten laufen sollen oder dass du dich anders hättest verhalten müssen, bist du im Krieg mit dem, was ist, und schaffst Beklemmung und Bedrückung.

Aus Bedürftigkeit heraus entstehen Bedürfnisse

Hinter all unserem Verhalten stehen verschiedene Ebenen von Bedürfnissen, die viel mit unserer Bedürftigkeit zu tun haben, unserer Sehnsucht nach Verbundenheit, Sicherheit und Geborgenheit. Aus Bedürftigkeit heraus entstehen Bedürfnisse. Mit den Bedürfnissen identifizieren wir uns. Aus unseren Bedürfnissen heraus handeln wir und wählen bestimmte Strategien, um diese Bedürfnisse zu befriedigen.

Doch je weniger Bewusstheit oder Achtsamkeit im Spiel ist, umso mehr sind diese Strategien durch vergangene Erfahrungen geprägt. Und je mehr du aus solchen Strategien heraus handelst, je mehr du aus deinen alten Mustern heraus agierst und reagierst, umso wahrscheinlicher ist es, dass Schwierigkeiten und Probleme wieder neu belebt werden.

Wie hat Patch Adams gesagt? »Hätte dieser Mensch meine Mutter gehabt, würde er sich jetzt nicht so verhalten.« Aber da er seine Mutter hatte, hat er seine Prägungen und Muster ausgebildet. Und wenn keine Bewusstheit da ist, wird er immer wieder aus diesen Prägungen und Muster heraus handeln.

Alle Menschen handeln aus ihren Bedürfnissen heraus. Oftmals kennen wir nur die oberflächliche, nicht aber die tiefere Ebene der Grundbedürfnisse. Wenn wenig Bewusstheit vorhanden ist, handeln wir häufig aus oberflächlichen

Bedürfnissen heraus und verletzen dabei unsere tieferen Grundbedürfnisse.

Ein tieferes Grundbedürfnis kann zum Beispiel dein Bedürfnis nach Harmonie in deinem Umfeld sein oder das nach gegenseitiger Wertschätzung und gegenseitiger Anerkennung.

Bedauern und Betrauern

Wenn du verstehst, dass und wie wir Menschen uns oft unseren jeweiligen Prägungen und Mustern entsprechend verhalten und uns selbst und andere damit häufig verletzen und schädigen, entsteht Trauer.

Bedauern und Betrauern sind eine ganz andere Art des Umgangs mit Verletzungen als Schuldzuweisungen. Sie sind sehr wichtig für die Heilung, weil sie Möglichkeiten für Verständnis eröffnen. Damit werden auch andere Wahlmöglichkeiten, andere Verhaltensweisen, andere Handlungsstrategien sichtbar.

Darüber sprechen

Um Schuldgefühle und schuldzuweisende Gedanken aufzulösen, kann es hilfreich sein, mit dir nahe stehenden Menschen, die nicht direkt mit den Schuldgefühlen zu tun haben, darüber zu sprechen. Es geht nicht darum, die ganze Geschichte immer und immer wieder zu erzählen, sondern mitzuteilen, was im Moment in dir geschieht. Manchmal sind Schuldgefühle etwas sehr Dunkles und schlecht greifbar. Indem du darüber sprichst, fasst du unklar wabernde

Gefühle in Worte und objektivierst sie damit in gewisser Weise. Du nimmst eine Meta-Position ein, stehst ein wenig über dem Geschehen.

Es ist immer entlastend, unheilsame Wurzeln, die dunklen Seiten in dir, nicht zu verleugnen, sondern sie dir einzugestehen und dies vielleicht auch anderen gegenüber in einer geschützten Situation zu tun.

Bewusstheit löst Schuldgefühle auf

Um unsere Tendenz, Schuld zuzuweisen, nachhaltig zu verändern, kommt es also im Wesentlichen auf zwei Dinge an: Zum einen müssen wir die Bereitschaft aufbringen, die Unvollkommenheit und Konflikthaftigkeit des menschlichen Lebens zu erkennen und zu akzeptieren, um etwas zum Heilsamen verändern zu können.

Akzeptiere die Konflikthaftigkeit menschlichen Lebens.

Zum anderen müssen wir bereit sein, Schuldgefühlen bewusst und spürend zu begegnen, statt uns von ihnen besetzen zu lassen. Je bewusster du wirst, desto besser vermagst du die Wahlmöglichkeiten in jeder Situation zu sehen. Du handelst dann immer häufiger verantwortungsbewusst – nicht zufällig sind in dem Begriff Verantwortungsbewusstsein sowohl »Antwort« als auch »Bewusstsein« enthalten.

Je bewusster du wirst, desto weniger wird auch dein Herz durch Schuldgefühle blockiert sein. Etwas in dir wird sich lösen und eine liebevolle Kraft freisetzen.

10. Die befreiende Kraft des Verzeihens

Es liegt in unserer menschlichen Natur, dass wir immer wieder andere verletzen oder selbst verletzt werden. »Die Zeit heilt alle Wunden«, heißt es im Volksmund. Doch dies stimmt nicht immer. Um heilen zu können, brauchen Verletzungen einfühlsames Verhalten und Verzeihen.

Eine Sangha-Freundin berichtete mir: »Die erste Beziehung von mir zu einem Mann – meinem Vater – war ein Desaster. Er ist jetzt schon 25 Jahre tot, aber für mich ist die Beziehung noch immer nicht abgeschlossen. Was kann ich tun?«

Bert Hellinger, der Vater der Familienaufstellung, würde in einem solchen Fall vielleicht den Rat geben, durch Visualisierungen Verbindung zu dem Verstorbenen zu suchen und besonders darauf zu achten, ob dessen Augen offen oder geschlossen sind. Und sind sie offen, sich darum zu kümmern, dass der Betreffende die Augen endlich schließen kann. Möglich wird dies, wenn wir Verletzungen endlich heilen lassen und mit der Vergangenheit abschließen. Voraussetzung dafür sind Verzeihen und Versöhnen.

Verletzungen heilen durch Verzeihen.

»Ich bin vor Jahren von einem Freund sehr verletzt worden. Ich möchte ihm vergeben, aber es tut noch immer weh. Habe ich erst dann vollends verziehen, wenn ich die Wunde nicht mehr spüre?«, fragte eine Kursteilnehmerin.

Eine Wunde ist dann abgeheilt, wenn sie verschlossen ist, ohne dass störende Narben entstanden sind. Wie kann dieser Prozess sich vollziehen? Welche Rolle spielen dabei das Entschuldigen, Verzeihen, Vergeben und Versöhnen?

Verzeihen heißt Frieden schließen

Entschuldigen setzt stets Schuld voraus. Vor dem Entschuldigen steht das Be-schuldigen. Beschuldigen erfolgt vermittels beschuldigender Gedanken: Der andere ist ein böser Mensch, oder ich selbst bin ein solcher. Der andere hat böse gehandelt oder ich selbst habe mir etwas zu Schulden kommen lassen. Hast du innerlich zugestimmt, dass Schuld vorliegt und hast du ordentlich Buße getan, kannst du dich ans Ent-schuldigen machen. In diesem Geist sind die meisten von uns geprägt.

Im Verzeihen steckt der Wortstamm »zeihen«, ursprünglich »zeigen«, »verkünden«; im Mittelhochdeutschen wandelte sich die Bedeutung zu »anrechnen«, »anklagen«. Ursprünglich bedeutet Verzeihen »Verschuldetes nicht anrechnen« (Anselm Grün) oder »einen Anspruch aufgeben«.

Eng verwandt damit ist das Wort »vergeben«. Der Ausdruck stammt wahrscheinlich aus der gotischen Kirchensprache. Er bedeutet unter anderem, »jemandem etwas zur weiteren Verwendung überlassen, ein Recht übertragen«. Vergebung wäre also die »Aufgabe der Schuldforderung oder der Absicht zu strafen«.

Verzeihen und Vergeben bedeutet, sich von Vergangenem zu lösen, die Opferhaltung aufzugeben. Wir schließen Frieden. Somit handelt es sich beim Verzeihen und Vergeben um Aspekte der Silas, denn wir schützen und unterstützen damit uns selbst und andere.

Sich zu versöhnen bedeutet, dass wir noch einen Schritt weitergehen. Wir bringen die Bereitschaft auf, neu aufeinander zuzugehen, lassen Nähe wieder zu. Wir fassen den Entschluss, zerstörtes Vertrauen neu anwachsen zu lassen. Versöhnung setzt Verzeihen voraus, reicht aber sehr viel weiter. Wenn du einem Menschen verzeihst, kann es durchaus sein, dass du dich trotzdem von ihm trennen oder nicht wieder in Kontakt zu ihm treten möchtest. Im Verzeihen geben wir eine Negativ-Bindung auf, im Versöhnen ermöglichen wir eine neue Positiv-Bindung.

Verzeihen ist Ausdruck von Stärke

»Wenn du Tapferkeit suchst, schau auf diejenigen, die verzeihen können«, heißt es in der Bhagavad Gita, einer der wichtigsten Schriften der Hindus.

Verzeihen hat nichts mit Schwäche zu tun, sondern ist Ausdruck von Stärke. Es bedeutet nicht, dass wir etwas verdrängen, vergessen oder bagatellisieren. Es hindert uns auch nicht daran, uns zu wehren oder Grenzen zu setzen, wenn es nötig ist. Und es heißt nicht, dass man in einer Partnerschaft einfach weitermacht wie zuvor.

Viele Menschen haften nicht nur an angenehmen Dingen, sondern auch an unangenehmen. Sie lassen Unangenehmes nicht los, bohren in den stets gleichen Wunden, wärmen Probleme, Sorgen, schmerzhafte Erlebnisse immer wieder auf.

Manche Menschen verharren lieber in einer Beziehung, in der Negatives dominiert, als sich zu trennen und alleine zu leben. Andere nähren Schuldgefühle im Gegenüber. Sie wollen nicht verzeihen, und dahinter steckt oft die Absicht, sich den anderen gefügig zu halten und bestimmte Verhaltensweisen zu erzwingen. Solange wir nicht verzeihen können oder wollen, bleiben wir an vergangene Verletzungen gebunden.

Eine Frau erzählte mir: »Mein Partner hat offenbar Schwierigkeiten, mir zu vergeben. Immer wieder – vor allem, wenn es schwierig wird –, wirft er mir Dinge vor, für die ich mich bereits mehrfach entschuldigt habe und die geklärt schienen.«

Solange einer oder beide Partner sich nicht um Heilung kümmert, sondern alte Wunden immer wieder aufreißt, geht der Beziehung Kraft verloren. Wunden schwächen – das gilt auf der körperlichen wie auf der seelischen Ebene.

»Wenn du eine Wunde aktiv hältst, schwitzt daraus Wundwasser«, sagt man im Volksmund. Wundwasser ist auf der körperlichen Ebene eine hochwertige Flüssigkeit mit vielen wichtigen Stoffen, zum Beispiel Eiweißen, die dem Körper auf diese Weise verlorengehen. Nicht abgeheilte Wunden halten uns in einer Opferposition. Kennzeichen einer Opferhaltung sind Hilflosigkeit und Unsicherheit.

Verletzungen führen zu Verhärtungen

Wenn du dich körperlich verletzt, zum Beispiel durch einen Schnitt oder Stich, zieht sich sofort das die Verletzung umgebende Gewebe zusammen. Wenn du in einen Muskel hineinstichst, verkrampft er sich. Seine Funktionsfähigkeit ist blockiert. Zum Schmerz der Verletzung tritt nun der Schmerz der Verkrampfung.

Auf der seelischen Ebene geschieht etwas Ähnliches. Verletzt dich jemand, indem er dein Bedürfnis nach Liebe, menschlicher Wärme und Wertschätzung missachtet, zieht sich in dir etwas zusammen. Werden wichtige Bedürfnisse immer wieder missachtet, wird die Verkrampfung zum Dauerzustand und du kannst das Bedürfnis irgendwann gar nicht mehr spüren. Du spürst nur noch die Verhärtung. »Ich lebe in einem Zustand ständiger Anspannung und Unruhe. Meine Bedürfnisse spüre ich nicht und in den Nächten habe ich ziemlich beunruhigende Träume.« Solche Berichte höre ich als Arzt und Dhamma-Lehrer immer wieder. Wenn du deine Bedürfnisse nicht mehr spüren kannst, gerätst du schnell aus der Balance. Die Folge ist ein beschädigtes Selbstwertgefühl.

»Mein Mann hat mich nach 19 Jahren ohne Vorwarnung verlassen«, erzählte mir eine Frau. »Ich weiß nicht, wie ich mich ihm gegenüber jetzt verhalten soll. Wenn ich mich öffne, werde ich zu einem bedürftigen Kind. Wenn ich mich schütze, werde ich kühl und hart.«

Erstarrt in Verspannung und Verkrampfung, wird es schwer, die Zusammenhänge und Hintergründe deines Erlebens besser zu verstehen. Ohne Verständnis wiederum ist nachhaltige Veränderung kaum möglich.

Verletzungen gut behandeln

Wie geht ein guter Arzt vor, um eine Wunde zu behandeln? Zunächst wird er sich der Wunde zuwenden und die Existenz der Verletzung anerkennen. Sie zu verleugnen, verniedlichen oder nicht zu beachten verhindert jede fachgerechte Versorgung. Des Weiteren wird er die Wunde sorgsam untersuchen, gegebenenfalls freilegen, um sie zu entlasten.

Verletzungen brauchen Zuwendung.

Zu Beginn des Verzeihens – es ist ein Prozess, kein punktuelles Geschehen – wendest du dich ebenso der Wunde zu, akzeptierst sie und untersuchst sie eingehend. Nötig ist außerdem die Bereitschaft, Schmerz zu ertragen, ohne zu beschuldigen. Und genau darin sind wir alle nicht geübt. Das hat uns keiner beigebracht. Niemand hat uns gelehrt, Schmerz in Würde zu ertragen. Das herrschende Paradigma ist: Gegen den Schmerz gibt es immer irgendein Mittel. Wir verfallen sofort in den Tunmodus.

Sind wir akut verletzt, brauchen wir nicht sofort Strategien, wir brauchen zunächst Einfühlung. Solange du deinem Schmerz, deinen Kränkungen und Verletzungen nur mit strategischem Denken begegnest statt mit Mitgefühl, lässt du dich in solchen Momenten selbst im Stich.

Weiser Umgang mit Wut

Eine häufige Reaktion auf Verletzungen ist Wut. Auch Wut gilt es weder zu verleugnen noch zu unterdrücken, aber auch nicht hemmungslos auszuagieren. Wut ist zwar eine gefährliche Emotion, da sie die Perspektive einschränkt, auf rasches Handeln aus ist und zerstörerisch wirken kann. Doch sie kann auch hilfreich sein. »Wut kann dir helfen, dich vom Peiniger zu distanzieren. Solange das Messer, das dich verletzt hat, noch in dir steckt, kannst du nicht vergeben. Du musst den anderen erst aus dir herauswerfen«, rät Pater Anselm Grün.[25]

Um dich zu lösen, kann Wut die notwendige Energie liefern. In ihr sind Kraft und Energie gebunden. Indem du die Wut bewusst spürst und mit ihr praktizierst, kannst du die Kraft von den negativen Impulsen lösen beziehungsweise die Wut als reine Energie erleben und sie konstruktiv nutzen. Das bedeutet freilich nicht, die Wut zum Dauerzustand werden zu lassen. In diesem Fall würdest du dich verhärten und verbittern.

Wut ist dann hilfreich, wenn sie neue Verletzungen vermeiden hilft.

Die Wunden heilen

Am Anfang des Verzeihens geht es also vor allem darum, sich allen mit der Kränkung verbundenen Gefühlen zuzuwenden und sie anzuerkennen. Oft werden mit dem Schmerz der aktuellen Verletzung auch alte Verletzungen

25 Anselm Grün, *Engel für das Leben*, Freiburg i. Br.: Herder Spektrum 2007

berührt. Vielleicht wird der Schmerz des zu wenig beachteten Kindes wach, der Schmerz des ausgegrenzten Jugendlichen, der uninteressant gewordenen Ehefrau, der Schmerz in der Sexualität nicht genügt zu haben. All dem müssen wir uns zuwenden, die Wunde freilegen und mit Würde spüren.

Indem du der Wunde mit einfühlsamer Bewusstheit begegnest, fließt die Energie, die aus dieser Haltung erwächst, wie heilende Medizin in die Wunde hinein. Bewerte, interpretiere und beurteile in dieser Situation möglichst nichts, sondern wende dich dem Schmerz einfach zu, nimm ihn einfühlsam an und gib ihm Raum. Versuche, die Gefühle direkt zu spüren, ohne sie gedanklich zu benennen.

Richte deine ganze Aufmerksamkeit nach innen, nicht auf die Person, die scheinbar Ursache deines Schmerzes ist. Dazu braucht es die Entschlusskraft, Verletzungen liebevoll zu fühlen, ohne irgendwelchen Handlungsimpulsen zu folgen. Auf diese Weise wächst ein Verständnis für die unerfüllten Bedürfnisse und verletzten Gefühle in dir. Wenn du diese klar erkennst, verliert der Schmerz an Macht, und Mitgefühl kann sich entfalten.

Tiefe Bedürfnisse verstehen

Hinter jedem Handeln stehen, wie Marshall Rosenberg in der Gewaltfreien Kommunikation zeigt, Bedürfnisse. Nun gibt es in jedem Menschen verschiedene Ebenen von Bedürfnissen. Auf der Oberfläche mögen sie sehr verschieden sein, doch die tieferen Bedürfnisse sind bei uns allen gleich.

Wir alle wünschen uns Wohlergehen, Geborgenheit, Akzeptanz und menschliche Wärme. In unserer Verblendung handeln wir aber immer wieder aufgrund oberflächlicher Bedürfnisse und verletzen dabei die tieferen.

Diesen Zusammenhang im konkreten Fall zu durchschauen verwandelt Schmerz in Trauer. Der Weg zum Verzeihen vollzieht sich über das Betrauern, niemals über das Beschuldigen. Trauern ist ein wichtiger Schritt, um schließlich loszulassen.

Eine besondere schwierige Herausforderung ist es, sich selbst zu vergeben. Es vollzieht sich in den gleichen Schritten. Auch hier gilt es zunächst, sich die Situation bewusst zu machen, die zu der Verletzung geführt hat: »Was in mir hat da agiert, was wurde gesagt oder getan?« Diese Fragen führen dich zu deinen tieferen Grundbedürfnissen.

Dann versuchst du, in Verbindung mit den eigenen Gedanken und Gefühlen von Selbstbeschuldigung, Bedrücktheit, Selbstzweifel, Scham und so weiter zu gelangen. Als Nächstes stellst du Kontakt zu dem Teil von dir her, der auf Basis der Bedürfnisse das Verhalten gewählt hat, das zur gegenwärtigen Situation geführt hat. Indem du erkennst, dass du vielleicht in Folge oberflächlicher Bedürfnisse gehandelt und damit tiefere verletzt hast, kannst du dein Verhalten betrauern und bedauern. Und aus diesem Prozess entsteht Selbstvergebung. Dies braucht Zeit und Geduld und manchmal gilt es aber auch zu akzeptieren, dass Verzeihen zunächst noch nicht möglich ist.

11. Auseinander gehen

So vielversprechend beginnen Beziehungen oft und enden früher oder später schmerzlich. Hunderte Male habe ich es in meiner Arztpraxis erlebt: Beide Partner sitzen vor mir, strahlen sich an, ein Lichterbogen scheint sie zu verbinden. Und dann, manchmal schon nach kurzer Zeit, ist sie wieder allein. Was ist geschehen? Wo ist er, der Traummann? »Ja, wir haben uns getrennt«, heißt es dann. Manchmal fließen Tränen.

Trennungsgründe gibt es viele

Warum gehen so viele Paare auseinander? Die drei häufigsten Trennungsgründe, sagen die Psychologen, sind zu wenig Nähe, zu wenig Intimität, zu wenig Gefühl. Buddhistisch gesprochen könnte man sagen, zu viel Unachtsamkeit, zu viel Unbewusstheit.

> Die häufigsten Trennungsgründe sind zu wenig Nähe, zu wenig Intimität, zu viel Unbewusstheit.

Viele Frauen erzählen mir, wenn ich sie nach ihrer Zufriedenheit in der Beziehung frage, von unzureichender Kommunikation, emotionaler Kälte und dem Gefühl der Einsamkeit. Emotionale Distanz wiegt besonders schwer in außergewöhnlich verletzlichen Phasen wie zum Beispiel bei schwerer Krankheit eines Partners. »Es kümmert ihn überhaupt nicht, wie es mir geht«, höre ich manchmal. Auch die Zeit vor und nach der Geburt eines Kindes gehört für Frauen zu den besonders empfindsamen Phasen; ganz besonders wenn ein Kind mit einer Behinderung geboren wird oder schwer erkrankt. Andere verletzliche Phasen haben mit einem Scheitern im Beruf zu tun oder mit dem Eintritt in den Ruhestand. Auch wenn die Kinder aus dem Haus gehen, sich damit Halt gebende Alltagsgewohnheiten verändern, persönliche Identitäten erschüttert werden. Wenn du dich in solchen Zeiten im Stich gelassen fühlst, wird leicht dein Gefühl der Liebe für deinen Partner oder deine Partnerin beschädigt, und vielleicht beginnst du dann, die Beziehung in Frage zu stellen.

Oft sind es aber gar nicht solch besondere Zeiten im Leben, die Beziehungskrisen hervorrufen, sondern es ist eher der Alltagstrott. Die abstumpfenden Gewohnheiten, die durchstrukturierten Tage, immer der gleiche, vorhersehbare Ablauf, in dem beide einander Rollen zuschreiben und sich darauf begrenzen.

Leben bedeutet Bewegung, Stagnation hingegen kann für eine Beziehung gefährlich werden. »Ich gehe seit Jahren den spirituellen Weg, praktiziere intensiv«, schrieb mir jemand. »Mein Lebenspartner öffnet sich nicht dafür. Ich möchte mich entwickeln und weitergehen. Er möchte so bleiben, wie er ist.«

Doch vielleicht bemühst und kümmerst du dich ja ausdrücklich um Lebendigkeit in deiner Beziehung. Dabei wirst du aber immer wieder an Grenzen stoßen. Du wirst mit den Grenzen deiner Unvollkommenheit konfrontiert, den Grenzen deiner Verhaftungen, deiner Gier, deines Festhaltens, deiner Angst. Selbstbilder und Identifikationen, die dir vielleicht nicht bewusst waren, treten zu Tage, Unaufgelöstes taucht auf – und das ist nicht immer angenehm. Aus diesem Erleben heraus können Widerstände entstehen. Bei Auseinandersetzungen in Partnerschaften treffen wir bewusst oder halb bewusst immer wieder die wunden Punkte des anderen. Dabei werden auch schmerzhafte Aspekte vorheriger Beziehungen aktiviert. Oft ist die aktuelle Situation gar nicht so bedeutsam, doch wir reagieren mit einer Vehemenz, die uns selbst in Erstaunen versetzt. In solchen Fällen speist sich die Dramatik der Situation meist aus der Vergangenheit.

Wenn wir in einer Beziehung immer wieder an unsere Grenzen stoßen, unsere wunden Punkte schmerzhaft berührt werden, entstehen Unsicherheit, Zweifel und Angst. Diese Erfahrung kann unter Umständen so schwierig sein, dass wir uns zurückziehen und uns unempfindlich machen. So zerstören wir unter Umständen den intimen Raum, den wir schon einmal mit dem anderen betreten und bewohnt haben.

Einige Beziehungen scheitern, weil zu viele Vorstellungen und Projektionen im Spiel sind. Vielleicht fühlst du dich von einem Menschen angezogen, der dir so ganz anders erscheint als du selbst. Früher oder später erkennst du, dass viele Projektionen im Spiel sind und dass der andere gar nicht die Person ist, die du ursprünglich in ihm gesehen hast.

Manche Menschen lernen im Verlauf einer Beziehung auch eigene Vorlieben und Stärken kennen, die der Partner oder die Partnerin nicht mittragen kann. So oft höre ich: »Ich möchte mich entwickeln, ich möchte einen spirituellen Weg gehen. Ich möchte Meditation erlernen. Das ist ein Weg für mich, um klarer zu werden, mehr Lebenszufriedenheit zu entfalten. Aber mein Partner blockiert, geht nicht mit.« Und irgendwann sind beide so weit voneinander entfernt, dass sie sich nicht mehr verständigen, nicht mehr erreichen können.

Es ist normal, dass wir in menschlichen Beziehungen in manchen Zeiten auseinanderschwingen und uns dann wie von zwei weit entfernten Ufern zuwinken. Fast schemenartig sehen wir die andere Person noch am Horizont. Wichtig ist, dass sie sichtbar bleibt, nicht aus unserem Blickfeld verschwindet.

Ist man zeitweise weit voneinander entfernt, muss daraus nicht zwangsläufig Trennung erfolgen, solange die Absicht besteht, wieder aufeinanderzuzuschwingen.

Gibt es einen richtigen Zeitpunkt, sich zu trennen?

Manche Menschen trennen sich sehr schnell. Eine Frau berichtete mir einmal: »Ich habe gedacht, unsere Beziehung sei erloschen, und ich habe mich getrennt. Doch jetzt erkenne ich, das war ein Fehler. Ich habe zu schnell gehandelt. Mittlerweile hat er eine neue Freundin. Ich aber bin allein und denke jeden Abend, welch wunderbaren Mann ich habe gehen lassen.«

Es gibt aber auch Menschen, die zu lange warten und in erstarrten Beziehungen verharren. Sehr bedrückend wirkt es, wenn zwei Menschen den Zeitpunkt der Trennung verpasst haben und nur noch in einer Negativbindung miteinander leben, die aus Herabwürdigung, Ignoranz und emotionaler Kälte besteht.

Viele Menschen haben nie gelernt, mit sich selbst allein zu sein und vertraut zu werden mit den verschiedenen Ebenen ihrer Innenwelt. Aus Angst vor dem Alleinsein richten sie sich lieber in einer ausgebrannten Beziehung ein, als sich zu trennen. Dabei verkümmern eigene Ressourcen und Entfaltungsmöglichkeiten.

Ein mir bekanntes Künstlerpaar faszinierte mich zu Beginn der Beziehung mit ihrer Kreativität, Lebendigkeit und Leidenschaft. Nun, nach mehr als 20 Jahren, leben die beiden in getrennten Bereichen ihrer großen Wohnung. Sie sucht Zuflucht im Alkohol, er verbringt seine Tage und Nächte vor dem Computer. Aber diese Art zu leben erscheint ihnen immer noch besser als eine Trennung.

Wann also ist es in einer Beziehung Zeit, auseinander zu gehen? Gibt es überhaupt so etwas wie den richtigen Zeitpunkt? Nach meiner Erfahrung existiert für diese Entscheidung kein Patentrezept.

Vielleicht ist es Zeit zu gehen, wenn vorwiegend das Unvollkommene in uns in Resonanz gebracht wird. Ich habe Phasen in meinen Beziehungen erlebt, in denen immer wieder das Kleine in mir angesprochen wurde, nicht das Entwickelte, und ich aus dem Kleinen heraus agiert habe und mich hinterher auch nur klein gefühlt habe.

Vielleicht ist es Zeit zu gehen, wenn aus gegenseitigen Verletzungen Schaden für Körper und Seele entsteht, wenn physische Gewalt angewendet und nachhaltig das Selbstwertgefühl geschädigt wird. Ganz sicher ist es dann an der Zeit, tiefgreifende Veränderungen anzustreben.

Vielleicht ist es Zeit zu gehen, wenn keine Liebe mehr zu spüren ist und auch nicht die Bereitschaft besteht, sie zu reanimieren, wenn von einem oder beiden keine Wiederbelebung gewünscht wird. Möglicherweise meinst du auch, die Herausforderungen in deiner Beziehung seien zu groß, du fühlst dich ihnen nicht gewachsen.

Manche Menschen kennen Zeitpunkte in ihrer Beziehung, in denen sie das Gefühl haben: Ich kann nicht bleiben, und ich kann auch nicht gehen. Diese Ambivalenz ist sehr schwer auszuhalten. Doch geh nicht zu schnell, lass dir Zeit! Sprich auch mit deinem Partner über deine Trennungsgedanken. Manches Mal hilft dieser Impuls, die Beziehung noch einmal gemeinsam anzuschauen: Was hat uns eigentlich damals zueinander hingezogen? Was haben wir damals füreinander repräsentiert? Und wo ist es geblieben? Ist es wirklich erloschen? Oder ist da vielleicht doch noch eine feine Glut unter einem dicken Berg Asche?

Bevor du dich trennst, nimm Hilfe von Freunden, Paartherapeuten oder spirituellen Lehrern in Anspruch

Geh nicht zu schnell, lass dir Zeit.

und intensiviere deine Meditationspraxis. Erst wenn alle Möglichkeiten ausgeschöpft sind, entscheide dich für die Trennung.

Die Trennung verarbeiten

Trennungen müssen nicht in einer Katastrophe münden, doch oft sind sie verbunden mit Verletzungen und schwer heilenden Wunden. Du liest vielleicht in Hermann Hesses Gedicht »Stufen«: »Wir sollen heiter Raum um Raum durchschreiten / an keinem wie an einer Heimat hängen.« Doch in dir findest du eine völlig andere Realität, nämlich Leere, Hilflosigkeit, Eifersucht, Wertlosigkeit, Wut. Wenn diese Reaktionen nicht gut aufgelöst werden und die Wunden nicht verheilen können, drohen Verbitterung, Resignation und lang anhaltender Rückzug.

Manche Menschen bleiben nach schmerzhaften Abschieden lange allein, andere lassen sich schnell wieder auf eine neue Beziehung ein, um den Schmerz nicht länger spüren zu müssen. Doch Verdrängung ist nie eine gute Lösung. Eine neue Beziehung taugt nicht als Zuflucht bei Trennungsschmerz. Auf diese Weise bleibst du weiterhin an Vergangenes gebunden. Nicht aufgelöste Verstrickungen und Verletzungen schädigen die neue Beziehung. Deswegen müssen wir uns aus vergangenen Beziehungen lösen, bevor wir neue eingehen.

Verletzungen brauchen Verzeihen beziehungsweise das Bitten um Verzeihung. (Diesem Thema ist in diesem Buch ein eigenes Kapitel gewidmet.) Aus Mitgefühl uns, unserem alten und unserem neuen Partner gegenüber kümmern wir uns um Bereinigung und Klärung.

Mitgefühl beginnt bei dir selbst. Wende dich in Phasen der Trennung bewusst nach innen und spüre deine Gefühle. Möglicherweise wirst du es als große Herausforderung erleben. »Es ist wie ein Erdbeben, als verlöre ich den Boden unter den Füßen«, sagte mir eine Patientin, deren Ex-Partner jetzt mit einer viel jüngeren Frau zusammenlebt, die schon ein Kind von ihm erwartet.

Doch Ausweichen, Verdrängen und Übertünchen machen alles nur noch schlimmer. Spüre deine Hilflosigkeit und Verzweiflung. Geht es in deinem Leben äußerlich um Trennung, kümmere dich entschieden um die Verbindung nach innen!

Wenn es außen um Trennung geht, kümmere dich innen um Verbindung.

Wenn Identitäten zusammenbrechen, materielle Grundlagen wegfallen, alte Gewohnheiten nicht mehr taugen, ist es normal, Angst zu erleben und sich entwertet oder entwürdigt zu fühlen. Ebenso normal ist es, dass du dagegen Widerstand aufbaust. Alle diese Gefühle zusammengefasst, nennen wir Dukkha.

Normalerweise reagieren wir darauf mit einer von drei Verhaltensweisen: Wir laufen weg, kämpfen oder machen uns unempfindlich. Wir stürzen uns in die Arbeit oder ins Vergnügen, sind auf Rache aus oder machen dicht, oder wir greifen zur Flasche. Manchmal kombinieren wir diese unheilsamen Strategien auch miteinander. »Nachdem mich mein Freund verlassen hat, habe ich mit all seinen Freunden geschlafen«, erzählte mir eine Frau. »Das Leben geht weiter«, sagen die Menschen um dich herum vielleicht. »Du musst nach vorn schauen. Was vorbei ist, ist vorbei.« Sie klopfen dir aufmunternd auf die Schultern und wollen dich animieren, die ganze Sache einfach zu vergessen. Doch das wird nicht funktionieren.

Der Buddha hat gelehrt, dass Dukkha, wann immer es auftritt, nach Mitgefühl ruft. Bringen wir mitfühlendes Verständnis mit uns selbst auf, können wir an unserem Dukkha reifen. Mitgefühl bedeutet konkret, sich der Trennung und dem damit verbundenen Schmerz bewusst zu stellen. Jedes Dukkha ist dann eine Chance für mehr Bewusstheit. Eine Trennung ist eine Lektion in Vergänglichkeit, ein Lehrstück über Wandel und Vergehen. Und in jedem Abschied liegt das Potenzial zu Entwicklung und Reifung.

Äußere Rückzugsorte sind bei diesem Prozess sehr hilfreich. Eine Zeit für dich allein, zum Beispiel in einem Ferienhaus oder in einem Retreat. Eine Zeit, in der du aus der Geschäftigkeit und den Turbulenzen, den Anforderungen und Aufgaben des Alltags zurücktrittst und dich bewusst dem »Nicht mehr« und dem »Noch nicht« stellst. Denn genau dazwischen befindest du dich nach einer Trennung.

In dieser Zeit ist es besonders wichtig, die spürende Verbindung nach innen zu nähren. Das führt zu einer fließenden Verbundenheit mit dem, was sich fortwährend verändert. Dann wirst du dich auch wieder neu für die Liebe öffnen können, für eine Liebe, die nicht gebunden sein muss an eine Person.

Aber bis dahin gilt es noch einige Schritte zu gehen und einiges auszuhalten. Du wirst wahrscheinlich mit zweifelnden Gedanken zu tun haben: »War es zu früh?« – »Hätte ich anders handeln sollen?« – »Warum ist es so gekommen?« Es gilt auszuhalten, dass Antworten auf sich warten lassen. Vieles weißt du in dieser Phase einfach nicht.

Häufig gehen wir über die Phase des Aushaltens, des Ertragens, des Nichtwissens hinweg, weil sie uns zu schmerzhaft erscheint. Sie ist aber ungemein wichtig, damit wir nicht in unseren Wahrnehmungen und Erinnerungen, im Vergangenen steckenbleiben. Es geht darum, alles zu spüren – ohne innerlich einen Prozess gegen unseren Verflossenen zu führen, ohne ständig Beweismaterial zu sammeln, ohne auf Rache zu sinnen. Spüren ohne Beschuldigungen oder Rechtfertigungen, ohne Flucht und ohne Betäubung.

> Spüre alles, ohne Beschuldigungen oder Rechtfertigungen.

Rituale und Übungen

Der Sufi-Dichter Rumi sagte einmal: »Wende dich nicht ab, halte den Blick auf die wunde Stelle gerichtet, denn genau da tritt das Licht in dich ein.« Da entsteht das Verständnis, das du brauchst, um dich innerlich zu lösen. Akzeptiere, dass im Außen möglicherweise lange Zeit nichts geschieht, vielleicht Jahre nicht. Erspüre deinen Wunsch, es möge doch schneller gehen, es möge doch jemand kommen. Würdige diesen Wunsch, doch gib ihm nicht mit einem faulen Kompromiss nach. Gefragt sind Mut, Standhaftigkeit und Geduld.

Rituale können dich dabei unterstützen. Ein Abschieds-
geschenk, übergeben an einem Ort, mit dem ihr gute Erinnerungen verbindet, kann helfen, eine Haltung der Wertschätzung zu entwickeln. Hilfreich kann auch ein Lesebuch
mit Bildern, Geschichten, Erinnerungen sein.

Eine Frau erzählte mir, dass sie sich aus einer Beziehung
gelöst habe, indem sie ein großes Fest gab. Sie lud ihren
früheren Partner ein, und er kam auch, ebenso viele Menschen, die mit dieser Beziehung in irgendeiner Weise zu
tun gehabt hatten. Dieses Fest hatte lustige und besinnliche
Anteile. »Und danach?«, habe ich sie gefragt. »Danach haben wir uns noch einmal ganz und gar einander zugewandt,
uns in die Augen gesehen und uns von Herzen Glück gewünscht.«

Lisa Freund, eine buddhistische Autorin, die sich viel
mit dem Thema Vergänglichkeit befasst hat, empfiehlt
in diesem Zusammenhang eine Schwellenübung.[26] Lege
eine Decke so zusammen, dass eine Schwelle entsteht. Du
kannst auch eine echte Türschwelle nehmen oder eine aus
Papier auf den Boden legen. Stell dich vor die Schwelle und
lass die Lebenssituation, in der du dich gerade befindest,
Revue passieren, angenehme, unangenehme Erinnerungen
und Gefühle, Angst, Unsicherheit und so weiter. Wenn du
damit gut in Verbindung bist, tritt auf die Schwelle und
spüre, wie es sich anfühlt, dort zu stehen, nicht mehr ganz
im Gestern und noch nicht im Morgen. Geh vorsichtig ei-

26 Lisa Freund, *Das Unverwundbare. Wege der Heilung in Lebenskrisen,* München:
O. W. Barth 2011

nen halben Schritt nach vorne und wieder zurück. Spüre, wo es dich hinbewegen will. Spüre, wie sich die Schritte anfühlen und was du lernen kannst aus dem, was jetzt in dir geschieht. Vielleicht hast du das Gefühl, dass du feststeckst in Gedanken, Gefühlen, Bildern. Dann spüre bewusst dieses Feststecken, dein Auf-der-Stelle-Treten. Wenn du dich hilflos fühlst, spüre deine Hilflosigkeit, und vielleicht ist jemand da, dem du sagen kannst: »Bitte nimm mich in den Arm.« Gib allem, was du erlebst, bewusst Raum. Vielleicht kannst du dann über die Schwelle treten, hinein in den neuen, noch unbekannten Raum.

Die Energie in der Tiefe

Jedes Erleben, das dich bewusster, liebevoller und einfühlsamer werden lässt, bringt dich in Verbindung mit deiner Sehnsucht. Immer, wenn du bewusster wirst, klingt diese tiefe Ebene in dir an. Und indem du die Sehnsucht spürst, wird es dir möglich, dein Herz, das sich so leicht verschließt, offen zu halten und so die Lebensenergie in dir zu befreien. Du wirst erkennen, dass kein Mensch auf dieser Welt alle deine Bedürfnisse zu befriedigen vermag. Du wirst erkennen, dass kein Mensch deine Sehnsucht auf Dauer zutiefst stillen kann. Dies wird dir helfen, zukünftige Beziehungen nicht zu überfrachten.

Komm in Verbindung mit deiner Sehnsucht.

12. Was Treue bedeutet

Wir leben in Zeiten, die auf Kurzfristigkeit, auf Schnelligkeit, Austauschbarkeit ausgerichtet sind. Der Zeitgeist sagt: »Die Verpflichtungen von heute blockieren die Möglichkeiten von morgen.« – »Also gehe ich besser keine Verpflichtungen ein«, denken sich viele Menschen. »Solange es gut läuft, bleiben wir zusammen, und wenn nicht, dann trennen wir uns eben wieder. Wir können ja Freunde bleiben.«

Treue ist das genaue Gegenteil dieser Haltung. Sie ist auf Stabilität, auf Langfristigkeit ausgerichtet. Treue bedeutet, Menschen an unserer Seite nicht als austauschbar zu betrachten, sondern als einzigartig. Wie der kleine Prinz im gleichnamigen Buch sagt: »Du wirst einzig sein für mich in dieser Welt, und ich werde einzig sein für dich in dieser Welt.«[27]

Von treuen Menschen fühlen wir uns gehalten und getragen in diesem Gewebe von Unbeständigkeit, dem fortwährenden Auf und Ab, den ständig neuen Herausforderungen, die unser Leben ausmachen. Treue ist die Basis für Vertrauen, und Vertrauen ist die Basis für Hingabe. In einer

27 Saint Éxupery, *Der kleine Prinz*, Düsseldorf: Karl Rauch Verlag 1985

partnerschaftlichen Beziehung brauchen wir alle drei Faktoren.

Nicht weglaufen, wenn es schwierig wird

In jeder Beziehung gibt es schwierige Phasen. Viele Menschen laufen dann weg. Nicht weglaufen, wenn es schwierig wird – das ist ein Synonym für Treue. Der Versuchung widerstehen, von jemandem weg und zu jemand anderem hinzulaufen.

Treue bedeutet bleiben, wenn es schwierig ist.

Wer auch in schwierigen Phasen bleibt, wird im Laufe der Zeit immer krisentauglicher.

Sexuelle Untreue ist einer der häufigsten Scheidungsgründe in Deutschland. 90 Prozent der erwachsenen Deutschen wünschen sich Treue, doch 50 Prozent gehen fremd, Frauen mittlerweile genauso häufig wie Männer. Viele wünschen sich also etwas, das sie selbst nicht einhalten können – zumindest zuweilen.

Warum Menschen fremdgehen

Doch warum gehen Männer wie Frauen so häufig fremd? Warum gibt es so viele Affären? Der häufigste Grund ist die Entfremdung in Beziehungen.

Wenn du frisch verliebt bist, könntest du die Welt umarmen, so wohl und weit fühlst du dich. Du spürst dich, ihr spürt euch miteinander, alles fühlt sich zutiefst lebendig an. Doch dann werden die Grenzen offenkundig. Eben noch der Prinz, die Prinzessin, erfüllt der Mensch an deiner Seite deine Erwartungen doch nicht völlig. Dass die Leidenschaft mit der Zeit etwas abkühlt, ist zudem ein normaler Prozess. Doch die Folge ist oft Enttäuschung. Kommunikation lässt nach oder wird schwierig, auch auf der körperlichen Ebene. Immer mehr vermeidest du Körperkontakt, die Erotik stirbt ab, ihr spürt einander nicht mehr, du spürst dich nicht mehr – zumindest nicht so, wie du es dir wünschst.

Dann tritt jemand Neues in dein Leben und plötzlich sind wieder Lebendigkeit und Weite gegenwärtig, du spürst dich wieder. Du hast gedacht, deine Leidenschaft sei erloschen, aber unter der Asche deiner erlahmten Beziehung war noch immer die Glut. Jetzt lodert die Flamme wieder. Du bekommst wieder Wertschätzung, Aufmerksamkeit, Zärtlichkeit. Aber ach, da ist ja noch deine Beziehung!

In vielen Beziehungen dominieren statt Wertschätzung und Einfühlung Kritik und Ignoranz. Anstelle des fühlenden Bewusstseins kommt vorrangig das Verstandesbewusstsein zum Zuge. Seine Tendenz, zu beurteilen und zu verurteilen, fokussiert vor allem auf Unvollkommenheit, nicht auf das Potenzial, das jedem Menschen innewohnt. Wenn auf diese Weise das Selbstwertgefühl Schaden nimmt, suchst du vielleicht jemanden, der dir all das gibt, was du in deiner Beziehung schon so lange vermisst – zumindest für Momente.

Auch Nähe und Harmonie können Angst machen

Psychologen gehen davon aus, dass auch zu große Nähe in Beziehungen eine Ursache fürs Fremdgehen sein kann. Viele Menschen haben Angst vor Nähe. Manche können auch Harmonie nicht ertragen, sie fürchten sich vor Abhängigkeit. Wer im Laufe seiner Lebensgeschichte erlebt hat, dass Nähe mit Abhängigkeit oder mit psychischer oder physischer Gewalt verbunden war, ergreift später möglicherweise schnell die Flucht.

Auch das Ego opponiert gegen Harmonie, denn Harmonie ist ein ego-freier Raum. In der Folge kann das Ego mit Angst reagieren und Strategien entwickeln, um die Harmonie zu zerstören. In Reibung und Abgrenzung lebt es auf.

Treue ist ein Zeichen von Stärke

Sei es durch mangelnde Kommunikation, Angst vor Nähe, beschädigtes Selbstwertgefühl oder einfach, weil deine Triebe dich besetzen – aus welchen Gründen auch immer du die Treue brichst, es geschieht aus einer Haltung der Schwäche.

Hinter Treue und Verbindlichkeit dagegen steht meist eine Haltung der Stärke, denn es braucht Willenskraft und Standhaftigkeit zu widerstehen, wenn sich angesichts von Verlockungen die Triebe melden oder wenn dich alte Muster und Prägungen zu bestimmten Verhaltensweisen treiben wollen.

Treue Menschen gelten mittlerweile vielerorts als ein wenig verstaubt und langweilig. Ich denke aber, dass echte Treue Ausdruck einer starken Persönlichkeit ist. Starke Persönlichkeiten sind in Verbindung mit sich. Sie sind nicht automatisch glücklich, aber weil sie mehr in Kontakt mit

Treue ist Ausdruck von Stärke.

sich sind, finden sie eher Zugang zu innerer Balance und innerem Frieden. Damit sind sie weniger anfällig für äußere Reize und Fluchtmanöver.

Untreue Menschen dagegen erscheinen mir viel häufiger unruhig und angespannt, geradezu zerrissen. Oft kommen dann Schuldgefühle hinzu. Auch ich bin nicht immer treu gewesen. Dabei ging es mir nie wirklich gut. Ich hatte immer das Gefühl, nicht ganz dahin zu gehören, wo ich gerade war, und ich stand immer unter Spannung. Nirgends erlebte ich wirkliche Geborgenheit, statt dessen Getriebenheit und Schuldgefühle.

Geborgenheit ist jedoch ein Grundbedürfnis von uns allen, und wenn es verletzt wird, kann daraus Schaden erwachsen, vielleicht wirst du noch rastloser werden, noch mehr nach Ablenkungen suchen.

Umgekehrt schenkt gegenseitige Treue uns ein Fundament, das Geborgenheit ermöglicht.

Seitensprünge haben viele Nebenwirkungen

Doch könnte ein Seitensprung nicht auch alte Beziehungen beleben, eine erfrischende Brise oder gar eine Medizin, ein Heilmittel, sein?

Der Paartherapeut Hans Jellouschek antwortete auf eine solche Frage: »Ja – könnte – aber es ist eine Medizin mit vielen Risiken und Nebenwirkungen.«[28]

Es kann zum Beispiel geschehen, dass du dich tiefer ein-

28 Hans Jellouschek, *Was die Liebe braucht: Antworten auf die wichtigsten Beziehungsfragen,* Stuttgart: Kreuz Verlag 2009

lässt, als du vorhattest, dich vielleicht sogar verliebst und so auf einmal zwischen den Stühlen wieder findest, innerlich vollkommen zerrissen, nirgends mehr zugehörig.

Mit ziemlich hoher Wahrscheinlichkeit kommt es zu tiefen Verletzungen, die Vertrauen beschädigen, vielleicht sogar so sehr, dass der oder die Verletzte nicht mehr bereit ist, in diese Bindung Kraft und Energie zu investieren. So wird das, was als Medizin für die Beziehung gedacht war, zu einem tödlichen Gift.

Offene Beziehungen

In manchen Beziehungen erlauben die Partner einander sexuelle Erlebnisse mit anderen oder sogar Affären, sie leben in einer »offenen Beziehung«. »Wir sperren uns nicht ein in der Beziehung«, erzählte mir eine Patientin. »Jeder soll seine Freiheit behalten.«

Einige Zeit später kam sie wieder in die Sprechstunde und sah gar nicht mehr nach Freiheit aus, sondern eher bedrückt und traurig. »Mittlerweile sind wir getrennt. Er hat sich neu verliebt, ich bin allein und sehr einsam und merke, wie mich das alles doch sehr verletzt hat.«

Aber ich bin sehr vorsichtig mit pauschalen Aussagen zu diesem Thema. Schwule Paare definieren zum Beispiel den Begriff Treue häufig ganz anders als viele heterosexuelle Paare. Bei langen Beziehungen zwischen Männern sind offene Beziehungen eher die Regel als die Ausnahme und funktionieren oft sehr gut. Ich habe von zwei Männern gehört, die seit über 30 Jahren zusammenleben. Die beiden haben einander von Anfang an sexuelle Abenteuer mit anderen Partnern erlaubt, das war ihnen sogar sehr wichtig. Aber um Mitternacht, so die Verabredung, haben beide wieder zu Hause zu sein – sonst würde sich der andere Sorgen machen!

Die beiden kämen nie auf die Idee zu sagen, sie gingen fremd oder wären einander untreu. Sie haben eine gemeinsame Verabredung, an die sie sich halten – das ist das Entscheidende.

Beziehungs- und Bindungsstrukturen homo- und heterosexueller Menschen können sich unterscheiden. Es gibt aber auch große individuelle Unterschiede, die nicht mit der sexuellen Orientierung zusammenhängen.

Ich glaube, es ist vor allem wichtig zu erkennen, aus welcher Geisteshaltung wir handeln. Der Schlüssel liegt für mich in der Bewusstheit und der Aufrichtigkeit

Die Geisteshaltung ist auch deswegen so wichtig, weil manche Menschen Treue nicht als Haltung, sondern als ein Dogma leben. Dann wird Treue statisch und begrenzt, statt zu bereichern. Die Treue des Moralapostels ist nicht die Treue, die ich meine.

Verbindlichkeit aus Liebe und Mitgefühl

Erleichterung und Geborgenheit entstehen, wenn es in einer Partnerschaft eine Regel gibt, die aus Liebe und Mitgefühl respektiert wird: Wir bleiben uns treu und laufen auch in schwierigen Zeiten nicht weg, sondern lösen unsere Schwierigkeiten innerhalb der Beziehung.

Erleichterung bietet eine solche klar formulierte Regel, weil man sich nicht ständig neu den Wert der Treue bewusst machen muss und weil sich beide geschützt fühlen, bei gleichzeitiger Toleranz und Beweglichkeit.

Ein wesentlicher Aspekt von Mitgefühl ist, niemals verletzen zu wollen, sondern mit unserem Verhalten andere zu unterstützen. Wir geben uns die Regel nicht, um uns zu begrenzen und einzuengen, sondern aus Einsicht, um einander zu beschützen und es uns leichter zu machen.

Treue ist keine Symbiose

Verwechsele eine von Treue getragene Beziehung auch nicht mit einer Symbiose. Eine Symbiose basiert oft auf Abhängigkeit: Da können zwei nicht ohne einander. In der Symbiose sind Veränderungen Störfälle und führen zu Krisen. Symbiotisch verbundene Menschen haben Angst vor Entwicklungen, denn es droht der Verlust dessen, wovon sie sich abhängig fühlen. Sie brauchen den bewährten Auftritt im Doppelpack, deswegen darf dieser durch nichts gefährdet werden. Treue hingegen zeigt sich flexibel, denn sie basiert auf Verständnis und Mitgefühl.

Hinter der Symbiose wie hinter dem Drang fremdzugehen verbergen sich häufig mangelnde Selbstliebe und entsprechende Unsicherheit: »Werde ich genügend geliebt?« – »Liebst du mich auch wirklich?« – »Bin ich liebenswert?« Die einen flüchten vor diesen Selbstzweifeln in die vermeintliche Sicherheit von Abhängigkeiten, die anderen suchen beim Fremdgehen Bestätigung. In beiden Fällen geht die Verbindung nach innen meist immer weiter verloren. Herzlichkeit bleibt auf der Strecke, Zerrissenheit und Unruhe treten an ihre Stelle.

Treue ist mehr, als nicht fremdzugehen

Treue bedeutet mehr, als nicht fremdzugehen. Es ist die Bereitschaft, miteinander einen Weg zu gehen und die unvorhersehbaren Verläufe dieses Weges, mit ihren Richtungswechseln, durch Höhen und Tiefen mitzugehen.

Treue beinhaltet also Verlässlichkeit, Verzicht, Standhaftigkeit und Willenskraft. Und woraus speisen sich diese Tugenden? Eines Morgens auf dem Weg zur Arbeit fiel ganz kurz vor mir auf einmal ein hoher, junger Baum mit all seinen grünen Ästen auf die Straße über beide Fahrbahnen hinweg. Nicht gut verwurzelt war dieser Baum. Doch Bestand hat nur das, was sich gut verwurzeln kann.

Wie kannst du dich gut verwurzeln?

Durch Einfühlung! Einfühlung in dich selbst führt zu Verwurzelung in dir, Einfühlung in Beziehungen führt zu Verwurzelungen in Beziehungen.

Aus Einfühlung erwächst die Kraft, in schwierigen Momenten klar und verlässlich zu bleiben. Einfühlung in dich selbst verhilft dir zu einem gewissen Maß an innerer Stabilität. Damit lädst du deinen Partner ein, sich ebenfalls einfühlend zu verhalten und innere Stabilität zu entfalten.

Beginne also damit, dir selbst einfühlsam zu begegnen, das Gute in dir zu sehen. Dann richtest du den gleichen liebevollen Blick auf deinen Partner. Kümmere dich darum, das Potenzial in euch beiden anzusprechen. Treue in einer Beziehung schließt nicht aus, auch andere Vertraute zu haben, Menschen, denen du dich nah fühlst, denen du treu verbunden bist.

Aus Treue wächst Vertrauen, und damit ist sie die Grundlage für viele weitere positive Qualitäten. Wie könntest du dich zum Beispiel hingeben, wenn du nicht vertrauen kannst, dass dir nichts geschieht? Und Loslassen und Hingabe, so lehrt das Dhamma, sind der Weg in die Freiheit.

Treue ist die Basis von Vertrauen.

Mit Versuchungen umgehen

Nun wird jeder von uns auch mit Verlockungen und Versuchungen konfrontiert werden. Jeder begegnet in seinem Leben Mara, dem »Versucher« in der buddhistischen Ikonographie.

Stelle dich in solchen Situationen den Versuchungen, der Anziehungskraft des Menschen, der etwas in dir anspricht, der für dich begehrenswert und verheißungsvoll ist. Stelle dich der Versuchung, aber handle nicht aus ihr heraus, sondern suche nach ihrer Wurzel. Findest du so etwas wie Bedürftigkeit und Gier? Findest du den Drang nach Bestätigung? Den Drang nach Kontrolle? Mit anderen Worten: Findest du die Triebe?

Sei mit den Energien, die du spürst, aber lass dich nicht von ihnen mitreißen. Mach dir klar, welche Verletzungen und Leiden du hervorrufen würdest, wenn du dieses Begehren zum Zuge kommen ließest.

Der Buddha rät uns, stets weise zu erwägen, welche Folgen unser Handeln hat. Jedes Verhalten hat Folgen, daran geht kein Weg vorbei. Und erwägen sollten wir alle möglichen Auswirkungen auf uns selbst und andere, nicht nur die, auf die wir hoffen oder die wir für wahrscheinlich halten. Weises Erwägen kann dann stattfinden, wenn du die Wahlmöglichkeit in einer Situation erkennst und Einsicht, Mitgefühl und Einfühlung die führenden Rollen spielen.

Erlebe in Situationen, in denen du empfänglich bist für Versuchungen, auch deinen Mangel. Wenn Mara dich beeindrucken kann, empfindest du tief in dir einen Mangel. Spüre diesen Mangel bewusst und erlebe auch, wie es sich anfühlt, nicht zu bekommen, was die Verlockung dir verspricht.

Konzentriere dich dabei immer wieder auch auf die Vergänglichkeit einer jeden Energie, die in Erscheinung tritt! Dies wird *Auch jede Versuchung ist vergänglich.* dir leichter fallen, wenn dir die Verwurzelung der Versuchung in den Trieben bewusst ist. Du verstehst dann mit der Zeit, wie jede bedingt entstandene und damit vergängliche Erfahrung letztlich unbefriedigend bleiben muss. Nachdem du dies durchschaut hast, kannst du im nächsten Schritt dich selbst als Bewusstheit hinter den Erfahrungen erleben.

Die Quelle der Lebendigkeit entdecken

Kurz: Die Lebendigkeit und Erfüllung, die du dir vielleicht von Abenteuern und Affären versprichst, ist dort nicht zu finden. Bestenfalls zeitweilig wirst du daran Freude haben. Und die Schwierigkeiten folgen auf dem Fuße.

Verwechsle Glück nicht mit Vergnügen.

Zu finden sind Lebendigkeit und Erfüllung hingegen in grenzenloser Bewusstheit, grenzenloser Liebe, grenzenloser Intimität. Die Treue und die bewusste Praxis mit den Verlockungen können dich auf direktem Weg dorthin führen.

13. Hingabe – ein Schlüssel zu glücklichen Beziehungen

Zu mir in die Arztpraxis kommt regelmäßig ein altes Ehepaar, verheiratet seit über 50 Jahren. Sie ist meine Patientin, er – ein Handwerkermeister – kommt immer mit. Ich habe die beiden einmal zu dieser langen Zeit beglückwünscht. Er sagte darauf: »Nach den Gesellenjahren ist allmählich ein Meisterstück aus unserer Ehe geworden.«

Das konnte man gut sehen. Da war tatsächlich ein Meisterstück an Beziehung herangereift und im Laufe der Jahre immer mehr verfeinert worden. Wie? Indem die beiden sich ihrer Bindung gewidmet haben, wie ein Handwerker sich seinem Meisterstück widmet: mit Bewusstheit und Hingabe.

In Einklang sein mit dem, was ist

Hingabe ist neben Bewusstheit der wichtigste Schlüssel zu glücklichen Beziehungen. Hingabe bedeutet, bewusst in Einklang zu sein mit dem, was geschieht, mit dem Fluss des Geschehens, ganz in diesem Moment. Ohne Widerstand sein, nicht vorauseilen, nicht zurückbleiben, keinen Vorstellungen oder Erwartungen folgen. In der Hingabe bist du weitgehend ohne

Hingabe erlöst aus Begrenzung.

Ich-Bezogenheit, gehst wach und bewusst über Fixierungen hinaus. In dem Maße, indem du dich auf dem Weg der Hingabe aus deiner Begrenzung erlöst, erlebst du Erfüllung.

Die Sehnsucht nach Hingabe

In der Hingabe fließt letztlich alles zusammen. Sie bietet uns einen sehr direkten und kraftvollen Zugang zur spirituellen Praxis in Beziehungen.

Erinnere dich: Normalerweise handelst du, um etwas zu erreichen. Du gehst eine Beziehung ein, um nicht allein zu sein, um Spaß zu haben, versorgt zu werden. Dieser Um-zu-Geist hält dich in der Begrenzung fest, denn solange du auf ein Ergebnis fixiert und mit einem Plan unterwegs bist, stehst du unter Spannung, bist nicht frei, nicht offen, wenig kreativ. Eher als Spiel, Tanz und Verbindung erlebst du Anstrengung und oft subtile Traurigkeit.

So häufig erfahre ich, wie sehr Menschen in ihren Beziehungen um Anerkennung, Beachtung, Nähe und Wärme kämpfen: »Er nimmt mich nie in den Arm. Ich muss darum kämpfen, angesehen, berührt, geliebt zu werden.« Wenn auch du dich so erlebst, kann es sein, dass das Schicksal dich auf etwas aufmerksam machen möchte. Wo Kampf und Erschöpfung sind, verbirgt sich etwas, das erhört werden möchte. Es ist vor allem der Wunsch, sich hingeben zu können. Denn Hingabe bedeutet Frieden. Wir müssen nicht mehr kämpfen, nichts mehr planen, nichts erreichen, wollen nicht kontrollieren oder manipulieren. Und in der Hingabe gibt es keine Angst.

Einmal kam eine junge Frau zu mir, die unter Alkohol- und Kokaineinfluss von mehreren Männern vergewaltigt worden war. »Wozu brauchen Sie diese Drogen?«, habe ich sie gefragt. »Warum schießen Sie sich auf dem U-Bahnhof das Kokain in die Vene?« – »Ich brauche starke Gefühle«, sagte sie, »dann kann ich mich hingeben.« Das ist nicht die Hingabe, von der wir hier spre- chen. Sich hingeben hat nichts mit Sich-Auf- geben zu tun und nichts mit Flucht in starke Sinnesreize. Hingabe erwächst aus Stärke.

Hingabe erwächst aus Stärke.

Wenn ich in meinem Berufsalltag Frauen frage, wie es in ihrer Beziehung mit der Hingabe steht, erlebe ich oft, dass sich ihr Gesicht plötzlich versteinert und verschließt. Manchmal fließen Tränen. So viele können sich in der Lie- be und der Sexualität nicht hingeben. Aber wenn es uns an Hingabe mangelt, erleben wir uns vereinzelt und einsam. Und dann kommt Angst auf.

Menschen, die in Frieden sterben, ohne Angst, können große Lehrer für uns sein. Sie lehren uns Hingabe. Unver- gesslich ist für mich der Moment, als eine sterbende Freun- din aus unserer buddhistischen Gemeinschaft in Berlin an ihrem vorletzten Tag sagte: »Ich schlafe abends zufrieden ein und wache morgens dankbar auf. Dankbar, weil ich weiß, ich habe noch diesen Tag.«

Wie uns die Hingabe verloren geht

Als Arzt bin ich in der glücklichen Lage, immer wieder ganz kleine Babys in meinem Arm zu halten. Auch Babys leben sehr hingegeben, aber sie verfügen nur über sehr wenig Bewusstheit, das zweite wichtige Element. Mit der Zeit wird die Hingabe durch das erwachende Ego-Bewusstsein schwächer, an ihre Stelle tritt die Neigung, kontrollieren zu wollen, und diese Haltung verfestigt sich im Laufe der Jahre bei den meisten Menschen immer mehr.

Die Ich-Identifikation will keine Hingabe. Das Ego will Reibung, vergleicht sich und urteilt, schafft Trennung und damit Unerfülltheit.

Wenn im Alltag in schneller Abfolge Wahrnehmungen und Bewertungen durch dein Bewusstsein rauschen, verstehst du das als: *Ich* höre, *ich* begreife, *ich* beurteile. In dieser Haltung wird Wahrnehmung in Begriffen fixiert, als sei das Geschehen fest, objektiv und be-greifbar. Der Fluss des Geschehens gefriert in deiner Wahrnehmung in scheinbar voneinander getrennten Einheiten. Und damit wird das Ego-Bewusstsein immer wieder neu geboren: Auf der einen Seite bist du, auf der anderen der Alltag mit deiner Arbeit, der Beziehung, der spirituellen Praxis.

Nur die Trennung schaffende Ich-Identifikation steht deinem Glück im Weg, nur das Ego steht dem Frieden in deinem Leben entgegen.

Hingabe überwindet die Trennung

Hingabe schenkt dir Leichtigkeit und führt dich zu einer umfassenderen Wahrnehmung. Vergangenheit und Zukunft kennt die Hingabe nicht. In ihr verschmilzt alles zur Gegenwart. Die Vergangenheit kann dir nichts mehr anhaben, die Zukunft kann dich nicht mehr ängstigen. Und weil das so ist, musst du dich an nichts mehr klammern – auch in deiner Beziehung nicht.

Ego-Bewusstsein ist immer konzeptionell ausgerichtet. Es sagt: »Ich bin ich, du bist du, und du bist anders als ich.« Darin liegt die Trennung. Das Wesen der Hingabe liegt darin, Konzepte aufzulösen: Wie du sein solltest, wie er, wie sie sein sollte, wie Beziehungen sein sollten, wie das Leben, wie Sterben sein sollte.

Hindernisse auflösen

Vielleicht spürst du beim Lesen auch gewisse Widerstände. Manche Menschen assoziieren Hingabe mit Schwäche. Deswegen ist es wichtig festzuhalten: Hingabe ist nicht Handlungsunfähigkeit.

Hingabe bedeutet auch nicht, keine Gefühle oder Bedürfnisse mehr zu haben oder nur noch ganz bestimmte Gefühle.

Nehmen wir den Fall, dass Widerstand und Aversion gegenüber deinem Partner oder deiner Partnerin aufkommen: »Wie sie sich schon wieder benimmt!« – »Wie er schon wieder isst!« – »Allein, wie sie dasitzt!« – »Wie er riecht!« – »Warum muss sie morgens immer so aussehen?« – Nun ist es wichtig, nicht in Widerstand gegen den Widerstand zu gehen, sondern die Energie des Widerstands bewusst zu erleben. Ebenso wichtig ist es, nicht aus dem Widerstand heraus zu agieren, also zum Beispiel aggressiv Kritik zu äußern.

Hingabe heißt aber eben nicht, alles mitzumachen und sich zum Beispiel ausnutzen zu lassen! Du kannst aus der Hingabe heraus durchaus »Nein« sagen oder Kritik üben. Aber die Quelle des Nein ist dann nicht der Widerstand und damit verbunden Ärger oder Angst, sondern eine tiefere Weisheit. Bitte unterscheide gut, woher das Nein in dir kommt. Kommt es aus dem Widerstand, erzeugt es in deinem Gegenüber nur weiteren Widerstand. Kommt es aus der Weisheit, hast du eine Chance, dass das Nein akzeptiert wird.

Durch Hingabe wirst du sensibel für das, was im Moment gebraucht wird.

Durch Hingabe wirst du sensibel für das, was im Moment gebraucht wird, und für die Form, in der andere es annehmen können.

Hingabe geduldig üben

»Was tun«, fragte mich kürzlich jemand, »wenn Hingabe nur in ganz kurzen Momenten möglich ist, dann aber Angst oder Widerstand aufkommt? Jedes Mal, wenn es mit meinem Partner besonders hingebungsvoll und dicht ist, muss ich möglichst schnell weglaufen, wenn nicht äußerlich, so doch innerlich.«

Viele Menschen können keine Hingabe erleben, weil sie vor allem mit dem Verstandesbewusstsein identifiziert sind. Andere haben Schwierigkeiten, weil früher einmal ihr Vertrauen gebrochen wurde und Misstrauen sich an dessen Stelle gesetzt hat. Aus Angst vor einem Vertrauensmissbrauch lassen sie Hingabe gar nicht erst zu. Und manche

Menschen können keine Hingabe erleben, weil sie sich zu sehr in Beurteilungen, Schuldzuweisungen, Widerstand oder Kontrollzwang verfangen haben.

Wenn der Widerstand stark ist, verlange nicht von dir, ihn sofort ganz aufzugeben. Schritt für Schritt kannst du den Wert der Hingabe erfahren. Dafür ist es wichtig, gleichzeitig dein Vertrauen zu stärken. Vertrauen stärkst du, indem du dich selbst vertrauenswürdig verhältst und das Vertrauenswürdige im anderen erkennst.

Hingabe lässt sich nicht machen, schon gar nicht erzwingen, aber du kannst den Wert der Hingabe zu erkennen suchen.

Lerne, deine Gefühle zu fühlen, und erlaube deinem Partner, seine Gefühle zu fühlen. Hab keine Angst vor den Gefühlen, sei es Wut, sei es Trauer, sei es Angst. Vorstellungen, Konzepte, Rechthaberei wirst du mit der Zeit immer besser erkennen können und durchschauen, was dahinter steckt.

Mach aus schwierigen Erfahrungen in deiner Beziehung aber nicht sofort ein Problem. Angenehme Erfahrungen sind angenehme Gelegenheiten, Hingabe zu üben. Unangenehme Erfahrungen sind unangenehme Gelegenheiten, Hingabe zu üben.

> Angenehme Erfahrungen sind angenehme Gelegenheiten, Hingabe zu üben.

Angenehmes wie Unangenehmes anzunehmen ist ein essenzieller Schritt auf dem Weg zur Hingabe. Gib Hingabe und Vertrauen eine Chance, sich allmählich zu entwickeln. Erlebe dabei, was für ein großes Geschenk es ist, in Bezie-

hungen Offenheit zu kultivieren, abzulassen von der Neigung, alles kontrollieren zu müssen und sich gegenseitig zu
manipulieren.

Sobald du spürst, wie wohltuend sich dieser Wandel
auswirkt, werden dir immer weitere Schritte möglich. Bleib
dabei geduldig, wissend, dass dieser Prozess Zeit braucht.

Wie wir Hingabe üben können

Auch das Geben hilft dir, Hingabe zu entwickeln. Du richtest dich darauf aus, was der andere braucht und was du zu
geben hast. Damit löst du dich aus dem Kreisen um dich
selbst. Nun befrage dein Herz – und gib. Als baldige Folge
wirst du Leichtigkeit und Verbundenheit erleben.

Du kannst Hingabe auch in der Praxis des Wohlfühlor-
tes[29] üben, fühlend mit dir in Verbindung gehen. Verbunden im Wohlfühlort, verankert nach innen, kannst du nach
außen in Beziehung gehen, hingegeben an das, was du erlebst.

Ich empfehle, dabei mit für dich einfachen Sinneskon-
takten zu beginnen, dich hinzugeben an das Erleben einer
Blume, an das Erleben eines Musikstücks, an ein bestimmtes Bild. Begleitet dich eine Stimme im Kopf mit Urteilen
und Kommentaren, dann wende dich zuweilen auch dieser Stimme zu, beobachte sie als nichts weiter als eine Erscheinung im Bewusstsein. Du kannst Hingabe üben in
der Meditation: In der Metta-Meditation übst du sie in der

29 Eine Anleitung findest du auf der beiliegenden CD.

Öffnung des Herzens, in der Shamatha-Meditation in der Hingabe an den Atem, in der Vipassana-Meditation in der Hingabe an den Fluss der Erscheinungen.

Hingabe kannst du auch im Gebet üben. »Bitte hilf« oder »Dein Wille geschehe« sind kraftvolle Gebete. »Miserere – Erbarme dich meiner« ist ein weiteres. Du kannst Hingabe üben in der Zufluchtnahme. Gib dich dem Buddha hin, bitte ihn um Hilfe. Jede von Herzen kommende Bitte ist gegen die Ich-Bezogenheit gerichtet. Dir wird geholfen, weil du in Verbindung mit deiner eigenen inneren Kraft gehst.

Entspanne dich, lass alle Gedanken und Tendenzen los, die dich an die Vergangenheit binden. Gib dich deinem Erleben in diesem Moment hin. Hingabe in ihrer höchsten Form ist so etwas wie Entbindung. Entbindung in offene Weite und grenzenlose Liebe.

Auch einfühlsames Zuhören ist eine wertvolle Praxis (siehe Seite 72–76). Übe dich darin, immer wieder durch den Filter deiner Bewertungen und Vorstellungen hindurch wirklich zuzuhören. Beim hingebungsvollen Zuhören hat das Ego wenig mitzureden, Trennung reduziert sich.

Einfühlsames Zuhören ermöglicht Verbundenheit.

Ob du Bewusstheit und Hingabe im Zuhören oder auf andere Weise erlebst, je mehr du sie verfeinerst, umso mehr wirst du dich getragen fühlen. Und weil du dich getragen fühlst, kannst du dich fallenlassen, dich selbst vergessen, um dich auf eine tiefere Weise wieder zu finden.

Eine Vision

Ich möchte dir zum Abschluss meine Vision erzählen:

Meine Vision ist, dass wir in unseren Beziehungen nichts mehr verstecken müssen, sondern mit der bunten inneren Landschaft unserer Wünsche und Hoffnungen, unserer Muster und Prägungen immer vertrauter werden.

Meine Vision ist, dass wir in unseren Beziehungen alles fühlen dürfen, aber nirgends steckenbleiben. Dass wir unser Herz immer weiter werden lassen, uns nicht mehr auf bestimmte Rollen begrenzen und Bewusstheit und Einfühlung immer weiter anwachsen lassen. Dass wir unsere Beziehungen zunehmend verfeinern und uns dabei immer intimere Räume erschließen. Dass wir vertraut werden mit den begrenzten Anteilen in uns und uns öffnen für das Unbegrenzte. Und dass wir erleben: Hier sind wir für immer verbunden.

Silas für Paare

Ich will mich darin üben, dich nicht mit Worten und mit Handlungen zu verletzen. Nach meinen Möglichkeiten will ich dich schützen und unterstützen, wo immer du Unterstützung benötigst.

Ich will mich darin üben, nichts von dir zu nehmen, was du mir nicht freiwillig gibst. Ich will großzügig und tolerant zu dir sein und alles, was ich besitze, mit dir teilen.

Mit meinem sexuellen Verhalten will ich dir keinen Schmerz zufügen. In meiner Sexualität mit dir will ich einfühlsam und verantwortungsvoll handeln.

Ich will mich darin üben, nicht unwahr oder grob zu dir zu sprechen oder schlecht über dich zu reden. Ich will ehrlich, versöhnlich und heilsam zu dir sprechen.

Ich will mich darin üben, auf Alkohol und Drogen zu verzichten. Ich will das fördern, was uns körperlich gesund erhält und der Klarheit unseres Geistes dient.

Danksagung

Mit der Hilfe wohlmeinender Menschen ist dieses Buch entstanden: Sieglinde Wicht und Ingrid Dilger transkribierten die zugrundeliegenden Vortragstexte.

Florian Köhler kümmerte sich um die Audioaufnahmen für die beiliegende CD. Simone Hundertmark gestaltete das Umschlagmotiv. Jutta Kadegge beriet mich in allen GfK-Aspekten. Traudel Reiß übernahm Satz und Korrektur. Ihnen allen bin ich sehr dankbar.

Mein besonderer Dank gebührt Ursula Richard und Holger Wicht, die meine Vorträge und Texte in die vorliegende Form brachten. Ihre Kompetenz hat entscheidend zur Entstehung dieses Buches beigetragen. Die vielen Stunden gemeinsamer Arbeit waren für mich sehr inspirierend.

Ebenfalls danke ich allen Menschen, die das Lotos-Vihara-Meditationszentrum und meine Retreats besuchen. Ohne ihre Offenheit und ihr Interesse an der Lehre des Budhha wären die Vorträge, die Grundlage dieses Buches sind, nicht entstanden.

Über den Autor

Dr. Wilfried Reuter wurde 1952 in Nordhessen geboren und wuchs auf einem Bauernhof auf. Er arbeitet heute als niedergelassener Frauenarzt in Berlin-Kreuzberg und verfügt über langjährige Erfahrung in der Geburtshilfe und Sterbebegleitung. Zudem nimmt er Teil am ärztlichen Notfalldienst.

Seit 1997 leitet Wilfried Reuter Meditierende an. Er ist spiritueller Leiter des Lotos-Vihara-Meditationszentrums in Berlin-Mitte.

Seine Suche nach einer spirituellen Heimat führte Wilfried Reuter in den 70er Jahren zunächst in christliche Zusammenhänge, später zu den Sufis, lange Zeit praktizierte er Zen-Meditation. Er unternahm zahlreiche Reisen nach Indien, wo er sich unter anderem auf die Spuren Mahatma Gandhis begab.

Große Bedeutung gewannen für Wilfried Reuter in den 1980er Jahren die Schriften des indischen Weisen Sri Ramana Maharshi, eines hinduistischen Lehrers in der Advaita-Vedanta-Tradition. In dessen Lehre von der Nicht-Dualität erahnte Wilfried Reuter Antworten auf seine Fragen, doch es blieb eine Sehnsucht nach konkreten Anleitungen und einem klar beschriebenen Weg.

Anfang der 1990er Jahre lernte Wilfried Reuter dann die Ehrwürdige Ayya Khema kennen, eine deutsche buddhistische Nonne, die in der Theravada-Tradition praktizierte. Sie stammte aus Berlin, hatte in vielen Ländern gelebt und lehrte im von ihr gegründeten Buddha-Haus im Allgäu. Wilfried Reuter wurde einer ihrer engen Schüler.

Kurz vor ihrem Tod im Jahr 1997 beauftragte Ayya Khema ihn, in Berlin ein Meditationszentrum aufzubauen und dort zu lehren. Im Jahr 1997 war Wilfried Reuter Mitbegründer des Vereins Lotos-Vihara e.V., 2007 eröffnete das gleichnamige Meditationszentrum. Wilfried Reuter lebt heute in diesem Zentrum und lehrt dort das Dhamma in Vorträgen, Kursen und Gruppen.

Ursula Richard, 1955 geboren, ist Autorin, Übersetzerin und Verlegerin der edition steinrich. Sie ist im Kuratorium der Buddhistischen Akademie Berlin-Brandenburg und Redaktionsmitglied bei Buddhisms aktuell.
www.ursula-richard.de

Holger Wicht, Jahrgang 1971, ist Journalist und Moderator. Seit 2011 ist er Pressesprecher der Deutschen AIDS-Hilfe. Er ist Schüler von Wilfried Reuter und gehört dem Vorstand von Lotos-Vihara an. www.holgerwicht.de

Das Lotos-Vihara-Meditationszentrum

Wie eine Oase mitten in der Stadt liegt es zwischen den Plattenbauten in der Nähe des Alexanderplatzes: das Lotos-Vihara-Meditationszentrum. Umgeben von einem großen Garten, verfügt es über drei Meditationsräume in verschiedenen Größen und eine Bibliothek. Kleine Apartments bieten die Möglichkeit zu angeleiteten Einzelretreats. Im Lotos-Café treffen sich Dhamma-Praktizierende und Menschen aus der Umgebung. Zum vielfältigen Programm des Zentrums gehören Vorträge über die Buddha-Lehre, Meditationsabende und verschiedene Meditationsgruppen, darunter spezielle Gruppen für Menschen mit Krebserfahrung, für Schwangere und junge Eltern sowie für Ärzte und Therapeuten.

Lotos-Vihara-Meditationszentrum
Neue Blumenstraße 5
10179 Berlin (Mitte)
Tel.: 030-25 76 21 64
Fax: 030-24 08 31 59
info@lotos-vihara.de
www.lotos-vihara.de

Weitere Titel der edition steinrich

Wilfried Reuter

Weck den Buddha in dir

Wege zu innerer Stärke

Mit Audio-CD
Hardcover, 208 Seiten
ISBN 978-3-942085-08-3

Wilfried Reuter

Die Medizin des Buddha

Was Heilung bedeutet

Hardcover, Taschenformat, 112 S.
ISBN 978-3-942085-20-5

Weitere Titel der edition steinrich

Bernard Glassman

Anweisungen für den Koch

Lebensentwurf eines Zen-Meisters

Aktualisierte Neuausgabe
Hardcover, 224 Seiten
ISBN 978-3-942085-05-2

Kai Romhardt

Slow down your life

Vom Glück der Gelassenheit

Neuausgabe
Hardcover, 184 Seiten
ISBN 978-3-942085-15-1

Weitere Titel der edition steinrich

Charlotte Joko Beck

Einfach Zen

Neuausgabe
Hardcover, 268 Seiten
ISBN 978-3-942085-18-2

Bhante S. Dhammika

Broken Buddha

Plädoyer für einen neuen Buddhismus

Hardcover, 288 Seiten
ISBN 978-3-942085-12-0

Weitere Titel der edition steinrich

Chögyam Trungpa
Über Kunst
Wahrnehmung und Wirklichkeit

Hardcover, 288 Seiten
ISBN 978-3-942085-22-9

Kazuaki Tanahashi & Friederike
Juen Boissevain
Hoher Himmel, Großer Wind
*Leben, Gedichte und Kalligraphie des
Zen-Meisters Ryokan*

Hardcover, 208 Seiten
ISBN 978-3-942085-23-6

Weitere Titel der edition steinrich

Joachim Wetzky

iBuddhismus

Kreative Bodhisattvas zwischen Facebook und Hingabe

Hardcover, 240 Seiten
ISBN 978-3-942085-24-3

Verlagsadresse

Arndtstr. 34 • 10965 Berlin • Tel. 030-600 311 20
info@edition-steinrich.de

Unsere Bücher erhalten Sie über den Buchhandel oder
direkt beim Verlag über www.edition-steinrich.de

www.edition-steinrich.de